Geckle
Vereins-Ratgeber

Vereins-Ratgeber

Wie Sie einen Verein gründen,
führen und vertreten
Vereinsrecht · Satzung · Steuern

von
Rechtsanwalt Gerhard Geckle
– Fachanwalt für Steuerrecht –
Pfaffenweiler bei Freiburg

WRS VERLAG WIRTSCHAFT, RECHT UND STEUERN

CIP-Kurztitelaufnahme der Deutschen Bibliothek

Geckle, Gerhard:
Vereins-Ratgeber: wie Sie e. Verein gründen, führen
u. vertreten; Vereinsrecht, Satzung, Steuern /
von Gerhard Geckle. – Planegg/München: WRS, Verlag
Wirtschaft, Recht u. Steuern, 1987.
    (WRS-Mustertexte; Bd. 6)
    ISBN 3-8092-0323-8
NE: GT

ISBN 3-8092-0323-8   Bestell-Nr. 70.04

© 1987, WRS Verlag Wirtschaft, Recht und Steuern, GmbH & Co., Fachverlag,
8033 Planegg/München, Fraunhoferstraße 5, Postfach 13 63, Tel. (0 89) 8 57 79 44

Alle Rechte, auch die des auszugsweisen Nachdrucks, der fotomechanischen
Wiedergabe (einschließlich Mikrokopie) sowie der Auswertung durch Datenbanken
oder ähnliche Einrichtungen vorbehalten.

Satz + Druck: Schoder Offsetdruck, Gutenbergstraße 12, 8906 Gersthofen

Vorwort

Wer Tageszeitungen aufmerksam liest, wird fast regelmäßig über die Eintragung neugegründeter Vereine unterrichtet. Gleichgültig, welche Interessen mit diesem Zusammenschluß von Personen zur Verfolgung eines gemeinsamen Zweckes verfolgt werden: der Weg von der Gründung des Vereins bis zum Aufbau eines regen Vereinslebens ist zumindest in einzelnen Bereichen nicht unkompliziert. Die Einhaltung gewisser „Spielregeln" wird nicht nur bei den Initiatoren des künftigen Vereins vorausgesetzt – auch wenn die Hürde der Vereinsgründung genommen ist, sind zum Teil noch mehr oder weniger vorgeschriebene Formalien einzuhalten. Auch der Beginn der eigentlichen Vereinstätigkeit erfordert zumindest ein gewisses Grundwissen über das Vereinsrecht und der damit zusammenhängenden, oft praxisbezogenen Fragen.

Die vorliegende Broschüre über den „Verein" ist als kleiner Leitfaden gedacht, der sich auf den „e.V." konzentriert. Die Darstellung soll kein Rechtskommentar sein. Dem interessierten Leser soll gezielt durch Textmuster und Entscheidungshilfen in verständlicher Form aufgezeigt werden, wie man die Vereinsgeschicke mit einem relativ geringen Verwaltungsaufwand lenken kann. Erläutert werden soll auch die Verzahnung der Vereins-Geschäftstätigkeit mit steuerrechtlichen Anforderungen, obwohl schon wegen des Umfangs der Broschüre bewußt auf eine vertiefte steuerrechtliche Würdigung verzichtet wurde. Dennoch werden die Praxiserfahrungen berücksichtigt, daß für eine ordnungsgemäße Vereinsführung auch die Anforderungen des Finanzamtes zu beachten sind.

Verfasser und Verlag sind im übrigen für jede Anregung und Hinweise bei Problemfällen in der Vereinsführung dankbar.

Gerhard Geckle

Inhaltsverzeichnis

		Seite
Vorwort		5
Abkürzungsverzeichnis		8
1	**Was ist ein Verein?**	9
2	**Rechtsfähiger/nichtrechtsfähiger Verein: Welche Bedeutung?**	10
2.1	Vorteile/Nachteile	10
2.2	Grundvoraussetzungen	13
2.3	Kurzes Satzungsmuster für einen nichtrechtsfähigen Verein	13
2.4	Hinweise zum nichtrechtsfähigen Verein	16
3	**Der rechtsfähige Verein**	17
3.1	Vereinsgründung	17
3.1.1	Willensbildung erforderlich	17
3.1.2	Satzung als Kernstück	18
3.1.3	Satzungsinhalte	19
3.1.4	Weitere Sollinhalte von Satzungen	21
3.2	Mustersatzung für einen Sportverein	24
3.3	Weitere Satzungsmuster (Auszüge)	29
3.4	Fördervereine: Zweck und Satzungsvorschläge	31
3.5	Die Gründungsversammlung	35
3.6	Anmeldung zum Registergericht	38
3.6.1	Unterlagen	38
3.6.2	Muster für Vereinsregister-Anmeldung	39
3.7	Der aktive Verein als „e.V."	40
3.7.1	Muster-Einladung für Hauptversammlung	41
3.7.2	Veränderung im laufenden Wirtschaftsjahr	42
3.7.3	Satzungsänderungen	42
3.7.4	Mitteilung einer Satzungsänderung	43
3.7.5	Wahl eines neuen Vorstandes	44
3.7.6	Musterschreiben an Vereinsregister wegen Vorstandswechsel	44
3.7.7	Zum Ablauf der Hauptversammlung	45
3.7.8	Protokoll-Muster Mitgliederhauptversammlung	45
4	**Kleines Vereins-Abc**	47

5	**Steuern und Verein**	49
5.1	Voraussetzungen für die Gemeinnützigkeit	50
5.2	Steuervorteile	51
5.3	Zweckbetrieb/wirtschaftlicher Geschäftsbetrieb	52
5.3.1	Vereinsfeste und ihre Auswirkungen	52
5.3.2	Sport und Zweckbetrieb	53
5.3.3	Rechtsprechung zum Zweckbetrieb	54
5.3.4	Gewinnermittlung beim wirtschaftlichen Geschäftsbetrieb	54
6	**Hinweise zur Erlangung der Gemeinnützigkeit**	59
6.1	Mustersatzungen des Finanzamtes und ihre Bedeutung	59
6.2	Beanstandungen durch das Finanzamt	61
7	**Zur Spendenpraxis beim Verein**	62
7.1	Voraussetzungen	62
7.2	Tabellarische Übersicht zum Spendenabzug	64
8	**Überblick über die wichtigsten Steuerarten**	65
9	**Die wichtigsten Gesetzestexte** (Auszüge)	72
9.1	BGB-Regelungen über Vereine	72
9.2	AO-Regelungen über Vereine	76
Stichwortverzeichnis		80

Abkürzungsverzeichnis

Abs.	Absatz
Abschn.	Abschnitt
AG	Aktiengesellschaft
AO	Abgabenordnung
BGB	Bürgerliches Gesetzbuch
BFH	Bundesfinanzhof
BMF	Bundesminister der Finanzen
BStBl.	Bundessteuerblatt
DRK	Deutsches Rotes Kreuz
EFG	Entscheidungen der Finanzgerichte
EStG	Einkommensteuergesetz
EStR	Einkommensteuer-Richtlinien
e.V.	eingetragener Verein
f., ff.	folgende
FG	Finanzgericht
FinMin	Finanzministerium
ggf.	gegebenenfalls
GewStG	Gewerbesteuergesetz
GmbH	Gesellschaft mit beschränkter Haftung
i.d.R.	in der Regel
i.S.	im Sinne
KO	Konkursordnung
KStG	Körperschaftsteuergesetz
KStR	Körperschaftsteuerrichtlinien
KVStG	Kapitalverkehrsteuergesetz
lt.	laut
Nr.	Nummer
NRW	Nordrhein-Westfalen
o.a.	oben angegeben
o.ä.	oder ähnliches
OFD	Oberfinanzdirektion
OLG	Oberlandesgericht
Rev.	Revision
sog.	sogenannt
THW	Technisches Hilfswerk
TOP	Tagesordnungspunkt
UStG	Umsatzsteuergesetz
u.U.	unter Umständen
v.	vom
VerglO	Vergleichsordnung
VStG	Vermögensteuergesetz
z.B.	zum Beispiel
ZPO	Zivilprozeßordnung
z.T.	zum Teil

1 Was ist ein Verein?

Der Verein ist ein Zusammenschluß mehrerer Personen, die einen gemeinsamen **ideellen** oder **wirtschaftlichen Zweck** verfolgen. Das Bürgerliche Gesetzbuch (BGB) setzt beim Verein weiterhin voraus, daß er unter einem bestimmten Namen geführt wird, ferner daß ein Wechsel der Mitglieder stattfinden kann.
Folgt man dem BGB, wird unterschieden zwischen
– dem Verein, dessen Zweck **nicht** auf einen wirtschaftlichen Geschäftsbetrieb gerichtet ist, dem sog. „**Idealverein**" sowie
– dem **wirtschaftlichen Verein,** dessen Zweck auf einen wirtschaftlichen Geschäftsbetrieb hinausläuft und damit das Ziel verfolgt, Vermögensvorteile, gleich welcher Art, für die Mitglieder anzustreben.
Nicht ausgeschlossen ist damit, daß der Idealverein, der nachfolgend schwerpunktartig erläutert werden soll, auch einen „gewissen" wirtschaftlichen Geschäftsbetrieb entfaltet. Nur: Das wirtschaftliche Interesse muß beim Idealverein im Hintergrund bleiben, denn beispielsweise die steuerlichen Vergünstigungen, die in Abschn. 5 ff. zusammengefaßt sind, gibt es im allgemeinen nur für Vereine mit ideeller Zielrichtung!
Rein wirtschaftliche Vereine sind heute recht selten (z.B. Privatärztliche Verrechnungsstellen, Konsumvereine etc.). Meist wird für die Verwirklichung des Ziels eine der gängigen Gesellschaftsformen, etwa die AG, GmbH, Genossenschaft oder der Versicherungsverein auf Gegenseitigkeit, gewählt.
Weit verbreitet ist hingegen der eingangs erwähnte sog. Idealverein. Der damit verfolgte „ideelle Zweck" kann selbstverständlich sehr weit ausgelegt werden. Spätestens jedoch bei der beabsichtigten Eintragung des Vereins in das Vereinsregister wird von Seiten des Registergerichtes anhand der vorgelegten Satzung geprüft, ob es sich bereits aus den Satzungsbestimmungen u.U. ergibt, daß ein „verkappter" wirtschaftlicher Geschäftsbetrieb vorliegt.

2 Rechtsfähiger / nichtrechtsfähiger Verein: Welche Bedeutung?

Bei der großen Anzahl der in der Bundesrepublik tätigen Vereine wird es oft übersehen, daß es wesentlich mehr nichtrechtsfähige Vereine gibt, die z.T. übereinstimmend gleiche Ziele verfolgen wie der heute vielfach bekanntere „e.V."

Wer sich einmal die Mühe macht, die aktiven Vereine in den Gemeinden oder Städten näher zu untersuchen, wird feststellen, daß insbesondere ältere Traditionsvereine häufig, oft sogar völlig unproblematisch, als nicht eingetragene Vereine auftreten. Musikvereine oder auch Sportvereine (z.B. traditionsreiche Radsportvereine) führen über Jahrzehnte hinweg ein gerade in kleineren Gemeinden oft nicht wegdenkbares Vereinsleben. Doch wird erfahrungsgemäß auch bei diesen Traditionsvereinen später häufig die Frage diskutiert, ob man im Hinblick auf eine doch recht lebhaft angestiegene Mitgliederzahl nicht „organisatorisch etwas tun" müßte.

Darüber hinaus wird der nichtrechtsfähige Verein häufig von größeren Verbänden und Organisationen eingesetzt, d.h. es soll hier bewußt eine unselbständige Untergliederung zu einem bereits eingetragenen Verein mit Hauptsitz meist in einer Großstadt herbeigeführt werden. Das Deutsche Rote Kreuz (DRK) oder das Technische Hilfswerk (THW) führen beispielsweise in einzelnen kleineren Gemeinden sog. Ortsvereine.

Ein weiteres populäres Beispiel für den nichtrechtsfähigen Verein sind die Zusammenschlüsse von ehrenamtlichen Helfern zu einer regionalen freiwilligen Feuerwehr.

Als weiteren Praktikabilitätsgrund für die Nichteintragung des Vereins wird auch oft das Argument des **häufigen Vorstandswechsels** mit angeführt. Wie nachfolgend ausgeführt, muß beim eingetragenen Verein jeder Wechsel im Vorstand dem Vereinsregister unter Beachtung gewisser Formvorschriften mitgeteilt werden. Dieser verwaltungstechnische Aufwand erübrigt sich beim nichtrechtsfähigen Verein.

Zulässig ist es übrigens, daß die Vereinsmitglieder eines nichtrechtsfähigen Vereins parallel auch Gründungsmitglieder eines rechtsfähigen Vereins sein können. Von dieser Möglichkeit wurde bislang oft Gebrauch gemacht, um etwa einen Dachverband als eigenen eingetragenen Verein zu gründen.

2.1 Vorteile/Nachteile

Die **Rechtsfähigkeit** ist, zumindest in juristischer Hinsicht, das entscheidende Abgrenzungsmerkmal zum nicht eingetragenen Verein. An den formellen Akt der Eintragung beim Vereinsregister knüpft das Gesetz die sog.

Rechtsfähigkeit, d.h. die Fähigkeit, Träger von Rechten und Pflichten zu sein. Wie nachfolgend noch ausgeführt wird, kann ein rechtsfähiger Verein im eigenen Namen prozessieren (klagen und auch verklagt werden). Es ist der rechtsfähige Verein, der Vermögen bilden kann, das nicht etwa allen Mitgliedern zur gesamten Hand zugerechnet wird, sondern dessen Inhaber der Verein selbst ist. Hat der e.V. ein Grundstück im Vereinsvermögen, wird der Verein als Eigentümer im Grundbuch eingetragen. Auch hier haftet der „e.V." mit seinem Vermögen für Verbindlichkeiten, die in seinem Namen eingegangen wurden. Das einzelne Mitglied haftet grundsätzlich nicht für Vereinsschulden.

Diese kurzgefaßten Vorteile der rechtlichen Selbständigkeit kann der **nichtrechtsfähige Verein** nur bedingt für sich in Anspruch nehmen:

– Das **Vermögen** steht den Mitgliedern nur als **Gesamthandsgemeinschaft** zu. Die Tatsache, daß es nicht dem Verein an sich gehört, berechtigt jedoch das einzelne Mitglied nicht dazu, über seinen Anteil zu verfügen. Wenn ein Mitglied aus dem Verein ausscheidet, hat es keinen Anspruch auf ein Auseinandersetzungsguthaben. Sein Anteil wächst vielmehr den verbleibenden Vereinsmitgliedern zu. Sollte dem Vereinsvermögen ein Grundstück zugeführt werden, sind alle Mitglieder als Gesamthänder im Grundbuch einzutragen. Gerade dies führt in der Praxis zu kaum überwindbaren Schwierigkeiten, da bei jedem Mitgliederwechsel das Grundbuch unrichtig wird und eine Eintragungsänderung (mit Kostenfolge) erforderlich wird. Sicherlich mag es nicht häufig vorkommen, daß ein Verein über ein Grundstück verfügt. Will aber z.B. ein Angelverein ein eigenes Fischgewässer erwerben, so kann es in diesen Fällen an und für sich nur empfohlen werden, die Rechtsform des eingetragenen Vereins von Anfang an zu wählen oder das Grundstück einem Treuhänder zu übertragen, der dann ins Grundbuch eingetragen wird.

– Der nichtrechtsfähige Verein konnte bisher lediglich **verklagt** werden, d.h. er war passiv parteifähig (§ 50 ZPO). Die Möglichkeit, selbst Klage einzureichen, um damit einen Prozeß „als Verein" anzustrengen, war dem nichtrechtsfähigen Verein bislang verwehrt. Es mußten vielmehr **alle** Vereinsmitglieder als sog. Gesamthänder Klage erheben und u.U. die Klageschrift mitunterzeichnen. Eine Ausnahme von diesem Grundsatz bestand nur für Aktivklagen der Gewerkschaften und politischen Parteien. Diese Grundsätze wurden durch ein aktuelles Urteil des OLG Karlsruhe v. 16.7.1986 (1 U 67/86) in Frage gestellt. Im Hinblick auf verfassungsrechtliche Bedenken stellte dieses Gericht fest, daß eine Nichtanerkennung der aktiven Parteifähigkeit dazu führen würde, daß der Verein als Gruppe selbst vom gerichtlichen Rechtsschutz sonst ausgeschlossen sei, d.h. sonst nur durch die Gesamtheit aller Mitglieder, die einzeln anzugeben sind, Klage erheben könnte. Dies ist eine erfreu-

11

liche Entscheidung im Hinblick auf sonstige Schutzrechte des nichtrechtsfähigen Vereins (Namensrecht etc.). Die weitere obergerichtliche Rechtsprechung bleibt hierzu abzuwarten.
- Auch der **Haftungsfrage** kommt besondere Bedeutung zu. Für Verbindlichkeiten des nicht eingetragenen Vereins haftet nach dem Gesetz nicht nur die Gesamthandsgemeinschaft mit dem „Vereins-Vermögen", sondern an und für sich auch die einzelnen Mitglieder selbst. Mehr noch: sie haften sogar unbeschränkt mit ihrem gesamten Privatvermögen (§§ 54 Satz 1, 714, 720 BGB). Eine derartig weitgehende Haftung bringt natürlich ein nicht absehbares und unzumutbares Risiko für jedes Vereinsmitglied mit sich. In rechtlicher Hinsicht behilft man sich in der Praxis damit, daß man für rechtsgeschäftlich begründete Schulden des nicht eingetragenen Vereins die Haftung der Gesamtheit der Mitglieder stillschweigend auf das Vereinsvermögen beschränkt ansieht. Auf jeden Fall empfiehlt es sich jedoch, eine ausdrückliche Beschränkung für Handlungen des Vorstandes in bezug auf das Vereinsvermögen in der Satzung zu verankern.
- Gegen den nichtrechtsfähigen Verein kann im übrigen auch vollstreckt werden; auch ist die Einleitung eines besonderen Konkurs- oder Vergleichsverfahrens über das Vereinsvermögen möglich (§ 213 KO, § 108 VerglO).

Mit seinem Privatvermögen haftet hingegen immer derjenige, der für den Verein nach außen auftritt und zwar unabhängig davon, ob er mit oder ohne gültige Vollmacht handelt. Dies ist im Regelfall der amtierende Vorstand des nicht eingetragenen Vereins. Liegt zudem keine ausdrückliche Satzung des nichtrechtsfähigen Vereins vor, etwa weil man an und für sich einen sehr losen Zusammenschluß beabsichtigt, besteht die Gefahr, daß man den Zusammenschluß in rechtlicher Hinsicht als **Gesellschaft des bürgerlichen Rechts** ansieht. Es sollte daher unbedingt darauf geachtet werden, daß man für den „losen" Verein auch sofort eine bestimmte Funktionsaufteilung vornimmt. Bei einer BGB-Gesellschaft werden i.d.R. sämtliche Rechtsgeschäfte von allen Gesellschaftern gemeinsam geführt, wobei jedoch üblicherweise ein Geschäftsführer bestellt wird. Es muß daher zumindest beim nichtrechtsfähigen Verein auch deutlich zum Ausdruck kommen, daß man bewußt Vereinsorgane schaffen will, d.h. es muß nach außen erkennbar sein, daß in repräsentativer Hinsicht eben keine Gesellschaft angestrebt wird. Auf die Bezeichnung der Vereinigung kommt es i.d.R. nicht an. Nur muß dafür gesorgt werden, daß der Fortbestand des nicht eingetragenen Vereins bei einem Mitgliederwechsel gesichert ist. Hier besteht auch ein weiterer Unterschied zur BGB-Gesellschaft, weil nach dem Gesetz u.a. bei dem Ausscheiden eines BGB-Gesellschafters die Gesellschaft aufgelöst wird (obwohl dies heute schon üblicherweise in Gesellschaftsverträgen abbedungen wird).

2.2 Grundvoraussetzungen

Es kommt daher zusammengefaßt auch nicht darauf an, unter welcher Bezeichnung der nicht eingetragene Verein auftritt (etwa „Club", Interessengemeinschaft, Spielgemeinschaft o.ä.). Wichtig ist nur, daß folgende Grundvoraussetzungen beachtet werden:
- Deutlich erkennbare **organschaftliche Struktur** (Mitgliederversammlung, Vorstand),
- Organisation mit einem größeren, in der Regel offenen **Mitgliederkreis**,
- ein **Mitgliederwechsel** bleibt **ohne Einfluß** auf den Bestand des Vereins,
- Ausschluß einer **direkten Beteiligung** der Mitglieder am Vereinsvermögen, insbesondere beim Ausscheiden eines Mitglieds,
- **Vereinsgründung** mit mindestens **drei Personen,**
- ein **Vereinsname** als Kennzeichnung der Einheit der Vereinigung.

Hinweis: In steuerlicher Hinsicht ist es durchaus möglich, daß auch der nichtrechtsfähige Verein steuerbegünstigten Zwecken dient und damit eine Gemeinnützigkeit erlangen kann. Verlangt wird jedoch hierfür, daß sich aus der Satzung zumindest die steuerbegünstigte Zielrichtung des nicht eingetragenen Vereins ergibt. Daher: wird abweichend von der zumindest gewissen Formstrenge des eingetragenen Vereins beabsichtigt, eine Interessengemeinschaft als nicht eingetragenen Verein zu führen, sollten die Gründungsmitglieder sich von Anfang an einer schriftlich fixierten Satzung unterwerfen. Das nachfolgende Satzungsmuster enthält Mindestbestandteile, die selbstverständlich entsprechend der Zielrichtung ergänzt werden können.

2.3 Kurzes Satzungsmuster für einen nichtrechtsfähigen Verein

---

Satzung

§ 1 Name, Sitz
Der Verein führt den Namen _____ und hat seinen Sitz in _____.

§ 2 Zweck des Vereins
Der Verein dient der Pflege und Förderung des _____, insbesondere durch _____

Er verfolgt ausschließlich und unmittelbar gemeinnützige Zwecke im Sinne des Abschnitts „Steuerbegünstigte Zwecke" der Abgabenordnung. Der Verein ist selbstlos tätig, er verfolgt nicht in erster Linie eigenwirtschaftliche Zwecke. Mittel des Vereins dürfen nur für satzungsge-

mäße Zwecke verwendet werden. Die Mitglieder erhalten keine Zuwendungen aus Mitteln des Vereins. Es darf keine Person durch Ausgaben, die dem Vereinszweck fremd sind, oder durch unverhältnismäßig hohe Vergütungen begünstigt werden.

§ 3 Organe des Vereins
Organe des Vereins sind der Vorstand und die Mitgliederversammlung.

§ 4 Vorstand
Der Vorstand besteht aus dem 1. und 2. Vorsitzenden, dem Kassierer, einem Schriftführer und bis zu drei Beisitzern.

Die Vereinsgeschäfte führen der 1. und 2. Vorsitzende sowie der Kassierer.

Aufgaben des Vorstandes sind die Führung des Vereins, Ausführung von Vereinsbeschlüssen, Verwaltung des Vereinsvermögens und Einberufung der Mitgliederversammlung. Der Vorstand entscheidet auch über Aufnahme und Ausschluß von Mitgliedern.

Beschlüsse des Vorstandes werden mit einfacher Stimmenmehrheit gefaßt. Bei Stimmengleichheit entscheidet die Stimme des Vorsitzenden, in dessen Abwesenheit die Stimme des 2. Vorsitzenden.

Der Vorstand wird in den jährlich stattfindenden Generalversammlungen auf die Dauer von _____ Jahren gewählt.

Der Vorstand kann Verpflichtungen für den Verein nur mit Beschränkung auf das Vereinsvermögen eingehen. Seine Vollmacht ist insoweit ausdrücklich begrenzt.

§ 5 Mitgliedschaft
Die Mitglieder sind verpflichtet, die Vereinszwecke zu fördern. Sie haben die entsprechenden festgesetzten Jahresbeiträge und Aufnahmegebühren zu entrichten.
Oder:
Die von der Mitgliederversammlung genehmigte Beitragsordnung, jeweils in gültiger Fassung, ist für die Vereinsmitglieder bindend und wird als verbindlich anerkannt.

Mitglied kann jede Person werden, die das 18. Lebensjahr vollendet hat.
Oder:
Mitglieder des Vereins können Personen werden, die das 18. Lebensjahr vollendet haben (oder juristische Personen).

Die Mitgliedschaft endet durch Tod, Austritt oder Ausschließung des Mitglieds (oder Erlöschen der Rechtsfähigkeit der juristischen Person).

Bei Ausscheiden eines Mitglieds wird der Verein von den verbleibenden Mitgliedern fortgesetzt.

Die Austrittserklärung muß schriftlich an die Vorstandschaft erfolgen. Der Vereinsaustritt kann nur zum Jahresende erfolgen und muß schriftlich bis zum 30. September eines jeden Vereinsjahres erklärt werden.

Die Ausschließung aus dem Verein erfolgt durch die Vorstandschaft; sie ist nur zulässig, wenn das Mitglied mit der Beitragszahlung für mehr als zwei Monate im Rückstand ist;
Oder:
den Verpflichtungen aus der verbindlichen Beitragsordnung nicht nachgekommen ist.

Im weiteren, wenn das Mitglied in grober Weise gegen die Vereinsinteressen verstoßen hat.

§ 6 Mitgliederversammlung
Eine ordentliche Mitgliederversammlung wird vom Vorstand mindestens einmal jährlich einberufen. Die Einberufung hat mindestens 14 Tage vorher unter Mitteilung der Tagesordnung schriftlich durch den Vorstand zu erfolgen. Die Mitgliederversammlung ist ohne Rücksicht auf die Zahl der Erschienenen beschlußfähig, wenn sie ordnungsgemäß einberufen wurde.

Beschlüsse der Mitgliederversammlung bedürfen der einfachen Stimmenmehrheit, mit Ausnahme für Beschlüsse über Satzungsänderungen und der Auflösung des Vereins, hierfür ist eine ¾ Mehrheit der erschienenen Mitglieder in der Hauptversammlung notwendig.

Aufgaben der Mitgliederversammlung sind insbesondere
– Wahl des Vorstandes,
– Entgegennahme der Jahresberichte und des Kassenberichtes sowie Entlastung des Vorstandes, Beschlußfassung über Mitgliedsbeiträge und Aufnahmegebühren,
– Beschlüsse über Anträge auf Satzungsänderungen, Vereinsauflösung und Ausschlüsse von Mitgliedern.

Außerordentliche Mitgliederversammlungen können vom Vorstand einberufen werden, wenn es das Interesse des Vereins erfordert oder wenn die Einberufung von mindestens ⅓ aller Vereinsmitglieder unter Angabe des Grundes vom Vorstand verlangt wird. Die Anberaumung einer außerordentlichen Mitgliederversammlung auf Antrag aus dem Kreis der Vereinsmitglieder muß bis spätestens vier Wochen nach Zugang des Ersuchens an den Vorstand erfolgen.

§ 7 Formvorschriften
Beschlüsse der Vorstandschaft und der Mitgliederversammlung sind schriftlich niederzulegen und vom Schriftführer zu unterzeichnen.

§ 8 Auflösung
Die Auseinandersetzung nach Auflösung des Vereins findet in Ansehung auf das Vereinsvermögen unter entsprechender Anwendung der gesetzlichen Vorschriften wie für die Liquidation eines rechtsfähigen Vereins statt. Ein etwaiges Restvermögen soll an die Gemeinde _____/ Stadt _____ fallen, die es für ausschließlich gemeinnützige oder mildtätige Zwecke einzusetzen hat.

_____   _____
(Ort, Datum)   (Unterschriften der Gründungsmitglieder)

2.4 Hinweise zum nichtrechtsfähigen Verein

Ist damit zu rechnen, daß der nicht eingetragene Verein eine größere Außenwirkung entfaltet (etwa über Veranstaltungen etc.), sollte wegen der steuerlichen Seite der späteren Vereinsführung die Satzung zumindest in Teilbereichen an den **Mindestanforderungen** orientiert werden, die die Finanzverwaltung insoweit vorschreibt. Hierzu sollten die in Abschn. 6.1 abgedruckten Mindestinhalte von Satzungen, die von der Finanzverwaltung vorgegeben sind, mitberücksichtigt werden. In Zweifelsfällen lohnt sich im übrigen hier die Rücksprache mit dem zuständigen Sachbearbeiter beim örtlichen Finanzamt. Nicht verschweigen sollte man auch das „**Finanzierungsproblem**" des nicht eingetragenen Vereins. Häufig werden Zuschüsse von öffentlich-rechtlichen Körperschaften, aus Landesmitteln oder von Dachverbänden zur Unterstützung der Interessengemeinschaft davon abhängig gemacht, daß die Rechtsfähigkeit (durch Eintragung im Vereinsregister) nachgewiesen wird. Informationen hierüber lohnen sich!

Weitere Hinweise: Die in Abschn. 3 wiedergegebenen Muster-Formulierungen, z.B. für die Durchführung der Gründungsversammlung oder das Muster für die Einladungen zur Mitgliederversammlung, aber auch sonstige Ausführungen zum Satzungsinhalt, können entsprechend als Vorlage herangezogen werden.

3 Der rechtsfähige Verein

Rechtsfähig wird ein Verein, wenn ihm diese Eigenschaft verliehen worden ist. Dies kann erreicht werden durch
- **Eintragung** in das **Vereinsregister** (Regelfall beim sog. rechtsfähigen Idealverein),
- durch **staatliche Konzession** (beim wirtschaftlichen Verein).

Die nachfolgenden Ausführungen konzentrieren sich hierbei entsprechend der Zielrichtung dieser Broschüre auf den sog. **Idealverein**, der durch den formellen Akt der Vereinsregister-Eintragung auf eine **Rechtsfähigkeit** abzielt, d.h. als juristische Person auftreten soll.

Der Gesetzgeber selbst hat im BGB (§§ 55 – 79 BGB) sowie durch weitere Verfahrensvorschriften im wesentlichen festgelegt, welche Voraussetzungen ein Idealverein erfüllen muß. Zum eigentlichen Problem, nämlich der Vereinsgründung selbst, sagt das Gesetz nicht viel aus. Der Gesetzgeber geht davon aus, daß die Vereinsgründer die Hürde der Gründungsschwelle schon genommen haben. Eine gesetzliche Hilfestellung gibt es allerdings für den Mindestinhalt einer Satzung, was jedoch – wie nachfolgend aufgezeigt – weitergehender Erläuterungen bedarf.

3.1 Vereinsgründung

Läßt man eine strenge juristische Betrachtungsweise beiseite, empfiehlt sich nachfolgende Vorgehensweise, um durch Eintragung im Vereinsregister zur Erlangung der Rechtsfähigkeit zu gelangen.

1. Schritt

3.1.1 Willensbildung erforderlich!

Über eine Absichtserklärung und unverbindliche Vorverhandlungen hinaus wird eine beabsichtigte Vereinsgründung dann „ernst", wenn sich mindestens zwei Personen zusammentun, um einen gemeinsamen Zweck zu erreichen, nämlich die Gründung eines Vereins. Bereits diese Vorphase, nämlich vor der eigentlichen Vereinsgründung über eine Gründungsversammlung, kann gewisse Probleme aufwerfen. Scheitert das Vorhaben, etwa weil sich der Vereinszweck in tatsächlicher Hinsicht nicht vollziehen läßt oder aber weil keine sieben Gründungsmitglieder gefunden werden, müssen die Initiatoren für etwaige bereits getätigte rechtliche Verpflich-

tungen (Auftrag für Druckkosten, Beratungskosten o.ä.) selbst aufkommen.
Finden sich mindestens sieben Interessenten, steht der Vereinsgründung zunächst nichts im Wege. Grundsätzlich ist die Vereinsgründung an sich formfrei, d.h. zum Beispiel, der Weg zum Notar ist entbehrlich.

> 2. Schritt

3.1.2 Satzung als Kernstück

Bevor eine eigentliche Gründungsversammlung anberaumt wird, empfiehlt es sich auf jeden Fall, eine **komplette Satzung** zu erarbeiten, über die dann die Gründungsmitglieder abstimmen können. Die nachfolgenden Mustersatzungen können (s. Abschn. 3.2 ff.) hierzu als Orientierungshilfe benutzt werden.

Hinweis: Beachten Sie unbedingt auch die künftige steuerliche Seite. Es lohnt sich, den Satzungsentwurf zumindest in einzelnen Abschnitten mit der unter Abschn. 6.1 abgedruckten steuerlichen Mustersatzung abzustimmen. Denn: Selbst wenn das Vereinsregister die vorgelegte Satzung unbeanstandet zur Eintragung zuläßt, gibt es meist schon oft im ersten Geschäftsjahr des Vereins Probleme mit dem Finanzamt. Um die Gemeinnützigkeit des Vereins zu erreichen, verlangt das Finanzamt die Orientierung der sonst zumindest in rechtlicher Hinsicht voll gültigen Satzung an Mindestinhalten, die von der Finanzverwaltung vorausgesetzt werden. Aus der Praxis läßt sich hier feststellen, daß sich in letzter Zeit, zum Teil örtlich verschieden je nach Finanzamt, die Satzungs-Beanstandungen bei bereits eingetragenen Vereinen häufen. Bei mehr oder weniger großen Abweichungen zwischen der Vereinssatzung und der Mustersatzung der Finanzverwaltung wird die Gewährung der Gemeinnützigkeit zurückgestellt. Vielfach wird sie davon abhängig gemacht, daß in der nächsten Mitgliederversammlung eine Satzungsänderung vorgenommen wird, was nicht nur den Unmut der Mitglieder nach sich ziehen kann, sondern auch wieder einen gewissen Kostenaufwand erfordert.

Tip: Die erarbeitete Muster-Satzung sollten Sie vorsichtshalber bereits **vor** der Anmeldung zur Eintragung dem zuständigen Rechtspfleger beim Amtsgericht vorlegen. Gehen Sie davon aus, daß der Rechtspfleger bei „offizieller Anmeldung" jede vorgelegte Satzung Punkt für Punkt überprüft. Enthält die Mustersatzung Schwachstellen bzw. Fehler, kann das Registergericht die Anmeldung davon abhängig machen, daß die beanstandeten Bestimmungen in der Satzung binnen einer gewissen Frist geändert werden. Im schlimmsten Fall erfolgt hier sogar eine komplette Zurückweisung der Anmeldung. Für diese Fälle kann die Wiederholung der Hauptversammlung unter Vorlage des geänderten Satzungsentwurfs notwendig werden.

Daher: Unbedingt die Vorlage des Satzungsentwurfs an die Mitglieder **zeitlich** abstimmen.

Geringer kann man das inhaltliche Satzungsrisiko auch dadurch halten, daß der vertretungsberechtigte Vorstand bereits bei der Gründungsversammlung ermächtigt wird, bei Beanstandungen von Seiten des Registergerichts oder durch das Finanzamt geringfügige Änderungen oder Ergänzungen an der Grundsatzung vornehmen zu dürfen.

3. Schritt

3.1.3 Satzungsinhalte

Das Bürgerliche Gesetzbuch sieht für Satzungen einen bestimmten Mindestregelungsinhalt vor:

Vereinsname

Achten Sie darauf, daß sich der gewählte Vereinsname von den Namen der an demselben Ort oder in derselben Gemeinde bestehenden bereits vorhandenen Vereine deutlich unterscheidet. Nicht nur das Registergericht kann eine Vereins-Anmeldung deshalb zurückweisen, weil eine Unterscheidbarkeit zu einem bereits bestehenden anderen Verein nicht gewährleistet ist. Selbst wenn die Anmeldungshürde genommen wird, kann ein bereits vorhandener (d.h. zeitlich zuvor gegründeter) Verein mit einem verwechslungsfähigen Namen auf Unterlassung zivilrechtlich vorgehen.

Die sonst auch im kaufmännischen Verkehr geltenden Firmierungsgrundsätze müssen unabhängig von der Verwechslungsgefahr beachtet werden. Dies gilt auch für die handelsrechtlichen Grundsätze der Firmenwahrheit. Der Name darf daher nicht über das Alter, die Art, Größe oder sonstige wesentliche Verhältnisse des Vereins Anlaß zu Täuschungen geben. Fehler werden hier oft beispielsweise bei geographischen Zusätzen gemacht, die über den eigentlichen Tätigkeitsbereich des Vereins bzw. seiner Größe und Bedeutung zu einem falschen Eindruck führen können. Wird z.B. eine Jahreszahl dem Vereinsnamen nachgestellt, was häufig bei Sportvereinen vorkommt, muß gewährleistet sein, daß sich die Jahreszahl mindestens auf das Gründungsjahr bezieht.

Vereinssitz

Vereinsgründer müssen den (im Inland gelegenen) Vereinssitz festlegen und diesen in der Satzung aufnehmen. Grundsätzlich gilt hier die Faustre-

gel, daß vom Mittelpunkt der Vereinstätigkeit auszugehen ist, d.h. die Vereinssitzwahl darf nicht völlig willkürlich sein.
Zu unterscheiden von dem in der Satzung anzugebenden Vereinssitz (§ 24 BGB) ist der sog. Verwaltungssitz. Unabhängig hiervon kann – zweckmäßigerweise außerhalb der Satzung – dem Vereinsregister eine weitere Adresse als Geschäftsstelle angegeben werden. Eine Änderung der Geschäftsstelle, etwa wegen Wegzugs des hierfür zuständigen Mitglieds (beispielsweise eines der Vorstände oder auch des Schriftführers) führt nicht dazu, daß die Satzung geändert werden muß.

Vereinszweck

Es handelt sich hier um eine Kernvorschrift für Vereinssatzungen (§ 57 Abs. 1 BGB). Das hiermit verfolgte Ziel dürfte klar sein: Durch die Angabe des Vereinszwecks in der Satzung sollten nicht nur die Vereinsmitglieder, sondern auch das Registergericht und die beteiligte Verwaltungsbehörde, daneben aber auch außenstehende Dritte leicht in Erfahrung bringen können, welche Aufgaben und Ziele der Verein verfolgt. Zwar ist es nicht möglich, daß man bereits in der Satzung ausschließt, daß der Vereinszweck abgeändert werden kann. Eine wesentliche gesetzliche Einschränkung besteht jedoch für das Gegenteil: Änderungen des Vereinszwecks bedürfen der Zustimmung aller Mitglieder.

Hinweis: Berücksichtigen Sie bereits in der Gründungssatzung, daß der Verein einen oder mehrere gleich- oder nachrangige Zwecke verfolgen kann. Eine kürzere/abstrakte Zweckangabe erspart spätere Satzungsänderungen. Möglich ist es jedoch, ggf. schon in der Gründungssatzung vorzusehen, daß bei einer Änderung des Vereinszweckes von dem gesetzlich vorgegebenen Bild der Einstimmigkeit aller Mitglieder (etwa auf $2/3$ Mehrheit) abgewichen werden kann.

Nicht leicht ist hierbei natürlich die Feststellung, wann genau eine Zweckänderung vorliegt. Die Faustregel, daß der Nebenzweck nicht zum Hauptzweck werden darf, kann nur als Abgrenzungskriterium angesehen werden. Eine Zweckänderung liegt sicherlich dann vor, wenn plötzlich der ursprüngliche Idealverein verstärkt auf wirtschaftliche Interessen hinausgeht. Unschädlich ist es hingegen, wenn z.B. ein Sportverein eine weitere Sportart etwa als Unterabteilung mit aufnimmt. Eine Zweckänderung wäre etwa das Engagement eines Gesangvereins auf dem Gebiet des Gartenbaus. Problematisch dürfte im übrigen auch der Wechsel bei Anschluß an eine übergeordnete Organisation, etwa eines Dachverbandes, sein, wenn ein bestimmter Verbandsanschluß in der Satzung ausdrücklich verankert ist. Hier dürfte entscheidend sein, ob durch den möglichen Verbandswechsel der mit dem Verein verfolgte eigentliche Zweck beeinträchtigt wird.

Zu **beachten** ist zudem:
- Der Idealverein darf **keinen wirtschaftlichen Hauptzweck** verfolgen,
- er darf nicht gegen **gesetzliche Verbote** (Verein zur Förderung des Glücksspiels oder etwa die Praxisgemeinschaft von Freiberuflern in der Rechtsform des Vereins) verstoßen.

Nicht **übersehen:** Die Gründungssatzung **muß** an und für sich auch die **Erklärung** enthalten, daß sich aus der Satzung selbst der Wille der Vereinsgründer ergibt, daß man einen rechtsfähigen Verein gründen will. Die rein formale Anmeldung des Vereins als solche genügt i.d.R. nicht, sondern dies sollte aus der Gründungssatzung bereits ersichtlich werden.

Musterformulierungen:

„Der Verein soll in das Vereinsregister beim Amtsgericht _____ eingetragen werden."
Oder
„Nach alsbald durchzuführender Eintragung in das Vereinsregister beim Amtsgericht _____ erhält der Vereinsname den Zusatz „e.V."

3.1.4 Weitere Sollinhalte von Satzungen

§ 58 BGB enthält darüber hinaus **Sollbestimmungen** für den Inhalt der Gründungssatzung über

- **Eintritt** und **Austritt** von **Vereinsmitgliedern,**
- **Pflicht** zur **Beitragsleistung,**
- **Bildung** des **Vereinsvorstandes,**
- Voraussetzungen für die **Einberufung** der **Mitgliederversammlung, Form** der Einberufung und **Beurkundung** von **Beschlüssen.**

Eintritt/Austritt von Mitgliedern

Das Gesetz sagt nicht direkt etwas darüber aus, **wie** sich der Eintritt bzw. Austritt eines Mitglieds im Verein zu vollziehen hat. Bei der Anmeldung der Satzung muß jedoch aus dieser hervorgehen, daß eine bestimmte Regelung beabsichtigt ist, die für sich betrachtet nicht gegen rechtsstaatliche Prinzipien verstößt.

Wie der **Vereinseintritt** zu erfolgen hat (bei Gründung oder später), kann frei geregelt werden. Möglich sind daher sowohl Begrenzungen hinsichtlich der Mitgliederzahl (z.B. beim Tennisclub wegen unzureichender Spielkapazitäten) als auch hinsichtlich objektiver Kriterien (z.B. abhängig vom Wohnsitz, persönliche Qualifikationsmerkmale wie Berufe etc.).

Häufig wird zudem in Satzungen hier bereits der Eintritt von einem aus-

drücklichen Vorstandsbeschluß über ein Aufnahmegesuch des Beitrittsinteressenten abhängig gemacht.
Für den **Vereinsaustritt** sieht jedoch § 39 Abs. 1 BGB vor, daß dieser satzungsmäßig nicht beschränkt werden kann, wobei jedoch der Austritt von Kündigungsfristen abhängig sein kann. Länger als zwei Jahre darf ein Mitglied (ab Zugang der „Kündigung") insgesamt nicht an den Verein gebunden werden.
Üblich: Quartalskündigung zum Ende eines Kalenderjahres.
Der Verein ist in bezug auf die Form der abzugebenden Austrittserklärung relativ frei. Schriftform, auch eingeschriebener Brief, ist verbreitet. Unzulässig wäre jedoch etwa das Verlangen nach einer notariell beglaubigten Austrittserklärung oder Abgabe der Erklärung nur gegenüber der kompletten Mitgliederversammlung.

Beitragspflicht

Es **muß** in der Satzung festgelegt werden, daß von den Mitgliedern Leistungen erbracht werden. Üblich sind feste Mitgliedsbeiträge, ggf. kombiniert mit Aufnahmegebühren. Es können aber auch Sachleistungen oder Leistungen in Person vorgesehen werden, wie etwa bei Fördervereinen in der Pflicht zur Übernahme eines Vereinsamtes.
Nicht unbedingt verankert werden muß die Höhe des Mitgliedsbeitrages, d.h. es kann in das Belieben des Mitglieds gestellt werden, welchen Beitrag er zahlt (häufig bei caritativen Vereinen).
Möglich ist auch eine sachlich begründete Beitragsdifferenzierung für einzelne Mitglieder oder Gruppen (Aktivenbeitrag/Passivenbeitrag, Abhängigkeit vom Umsatz, z.B. bei Gewerbetreibenden).
Mitgliedsbeiträge **verjähren** übrigens nach **4 Jahren.**
Minderjährige: Sowohl für die Mitgliedschaft als auch für die damit u. U. verknüpfte Beitragszahlungspflicht gilt: Minderjährige Vereinsgründer oder Mitglieder bedürfen, da es sich insoweit um ein Rechtsgeschäft handelt, der Vertretung durch ihre gesetzlichen Vertreter (Eltern). Für die Altersstufe zwischen dem 7. und noch nicht vollendeten 18. Lebensjahr kann der Vereinsbeitritt wirksam erfolgen, wenn dies für den Minderjährigen einen rechtlichen Vorteil bringt oder keine vermögensrechtlichen Belange berührt werden. Zwar kann der Minderjährige einen rechtsgültigen Vertrag abschließen, wenn er etwaige damit verbundene Leistungen aus Mitteln bewirkt, die ihm etwa von den Eltern zur freien Verfügung oder zu diesem Zweck zur Verfügung gestellt wurden (sog. Taschengeldparagraph, § 110 BGB). Dies kann problematisch werden, im Hinblick auf Dauerverpflichtungen (Jahresbeiträge etc.) aus der Vereinsmitgliedschaft. Für die Aufnahme von Minderjährigen **empfiehlt** sich für Vereine auf jeden Fall zur „Sicherheit" die Unterschrift der Eltern als Zustimmung zur Aufnahme und Beitragskonsequenz ihrer Kinder miteinzuholen.

Zudem: Die Abgrenzung, wann ein Minderjähriger als „ausreichend mündig" für die Vereinsmitgliedschaft angesehen wird, ist nicht einfach. Wer als Jugendlicher hingegen bereits in einer Ausbildung steht (Lehre), wird wohl auch ermächtigt sein, ohne weitere ausdrückliche Genehmigung eine Vereinsmitgliedschaft mit allen daraus sich ergebenden Konsequenzen eingehen zu können. Diese Grundsätze gelten sowohl für die Gründung als auch die spätere Mitgliedschaft.

Bildung des Vereinsvorstands

Kurzgefaßt: Die Satzung muß Aussagen darüber enthalten, wie sich der Vorstand zusammensetzt, also ob aus einer oder mehreren Personen. Entscheidend ist die Berücksichtigung des Passus *„Vorstand im Sinne des § 26 BGB ist _____".*
Dies verlangt auf jeden Fall bereits das Registergericht bei Anmeldung der Satzung.
Zulässig und üblich ist daneben auch die Berücksichtigung eines sog. Gesamtvorstandes oder erweiterten Vorstandes, Vorstandschaft u.ä.
Die Anzahl der Personen kann hier in das Belieben der Mitgliederversammlung gestellt werden, wobei nicht zwangsläufig alle Positionen, die in der Satzung vorgesehen sind, beim Gesamtvorstand auch tatsächlich besetzt sein müssen. Möglich ist übrigens auch die Besetzung einzelner Positionen mit Nichtmitgliedern.
Was die Vertretungsbefugnis angeht, kann für den Vorstand in der Satzung selbst eine Beschränkung eingebracht werden. Dem vertretungsberechtigten Vorstand kann die Ausführung einzelner Geschäfte völlig untersagt sein oder nur mit der Auflage, daß eine Zustimmung von der ausdrücklichen Genehmigung einzelner Vereinsorgane abhängig gemacht wird. Bei kleineren Vereinen ist häufig der Abschluß von Rechtsgeschäften der Höhe nach, etwa bis zu einem bestimmten Betrag, beschränkt.
Wichtig: Die Beschränkung muß sich im Rechtsverkehr für die Außenwirkung aus der Satzung unbedingt ergeben; sie ist also auch im Vereinsregister einzutragen (§ 64 BGB).

Wie sollte die Satzung aussehen?

Umfang und Inhalt der Satzung sollte sich zunächst am verfolgten **Zweck** des künftigen Vereins orientieren. Die Faustregel, daß man Verträge nicht unbedingt mit endlosen Formulierungen und allen nur erdenklichen Einzelfallregelungen überstrapazieren sollte, gilt auch hier. Kurzgefaßte, für

nicht juristisch vorgebildete Mitglieder verständliche Satzungsinhalte empfehlen sich.
Natürlich: Die vorgenannten **Mindestinhalte** müssen berücksichtigt werden. Ausführliche Satzungen empfehlen sich für künftige Großvereine mit regelungsbedürftigen Vereinsorganen oder Positionen mit großer Einflußnahme. Werden Dritte, etwa Gemeinden, andere Körperschaften mit in den Verein eingebunden, dann gilt hier besondere Vorsicht bezüglich der Einflußnahme und des Wirkungskreises.
Es ist Aufgabe der Gründer, einen individuellen Regelungsbedarf zu Papier zu bringen und schon im Vorfeld eine Abstimmung mit etwaigen sonstigen, ggf. vereinsfremden Personen zu erreichen.
Die nachfolgenden Mustersatzungen sollen daher nur Anregungen und Hinweise geben. Die Einholung **rechtskundigen Rates** kann sich daher sowohl für Zweifelsfragen als auch für Gesamtüberlegungen lohnen!

3.2 Mustersatzung für einen Sportverein

Satzung

§ 1 Name und Sitz
Der Verein führt den Namen „Tischtennis-Club Mühlenfelsen 1986". Er hat seinen Sitz in Mühlenfelsen und soll in das Vereinsregister eingetragen werden. Nach Eintragung lautet der Name des Vereins „Tischtennis-Club Mühlenfelsen 1986 e.V.".

Das Geschäftsjahr des Vereins ist das Kalenderjahr.

§ 2 Zweck
Der Zweck des Vereins ist die Förderung des Tischtennis-Sports und der damit verbundenen körperlichen Ertüchtigung.

Der Verein verfolgt ausschließlich und unmittelbar gemeinnützige Zwecke im Sinne des Abschnitts „Steuerbegünstigte Zwecke" der Abgabenordnung 1977.

Der Satzungszweck wird insbesondere durch die Ermöglichung sportlicher Übungen und Leistungen verwirklicht.

§ 3 Mittelverwendung
Der Verein ist selbstlos tätig. Er verfolgt nicht in erster Linie eigenwirtschaftliche Zwecke. Mittel des Vereins dürfen nur für die satzungsmäßigen Zwecke verwendet werden. Die Mitglieder erhalten keine Zuwendungen aus den Mitteln des Vereins. Es darf keine Person durch Aus-

gaben, die dem Zweck des Vereins fremd sind, oder durch unverhältnismäßig hohe Vergütungen begünstigt werden.

§ 4 Mitgliedschaft
Vereinsmitglieder können natürliche volljährige Personen, aber auch juristische Personen werden. Jugendliche unter 18 Jahren bedürfen der Erlaubnis der Eltern. Stimmberechtigt sind Mitglieder erst ab Volljährigkeit.

Über einen schriftlichen Aufnahmeantrag entscheidet der Vorstand. Bei Ablehnung des Aufnahmeantrags ist der Vorstand nicht verpflichtet, dem Antragsteller die Gründe mitzuteilen.

§ 5 Beendigung der Mitgliedschaft
Die Mitgliedschaft endet mit dem Tod des Mitglieds, durch freiwilligen Austritt, Ausschluß aus dem Verein oder Verlust der Rechtsfähigkeit der juristischen Person.

Der freiwillige Austritt erfolgt durch schriftliche Erklärung gegenüber einem vertretungsberechtigten Vorstandsmitglied. Er ist nur zum Schluß eines Kalenderjahres unter Einhaltung einer Kündigungsfrist von ____ Monaten/vier Wochen zulässig.

Ein Mitglied kann durch Beschluß der Mitgliederversammlung von einer Mehrheit der anwesenden Mitglieder von ¾ der abgegebenen gültigen Stimmen ausgeschlossen werden, wenn es in grober Weise gegen die Vereinsinteressen verstoßen hat, wobei als ein Grund zum Ausschluß auch ein unfaires sportliches Verhalten gegenüber anderen Vereinsmitgliedern gilt.

Oder:
Ein Mitglied kann, wenn es gegen die Vereinsinteressen in grober Weise verstoßen hat, durch Beschluß des Vorstandes aus dem Verein ausgeschlossen werden. Vor der Beschlußfassung ist dem Mitglied unter Fristsetzung Gelegenheit zu geben, sich hierzu zu äußern. Der Beschluß über den Ausschluß ist mit Gründen zu versehen und dem auszuschließenden Mitglied durch eingeschriebenen Brief bekanntzumachen. Gegen den Ausschließungsbeschluß des Vorstandes steht dem Mitglied das Recht der Berufung an die Mitgliederversammlung zu. Die Berufung muß innerhalb von einem Monat ab Zugang des Ausschließungsbeschlusses beim Vorstand schriftlich eingelegt werden. Bei rechtzeitiger Berufung hat der Vorstand innerhalb von zwei Monaten die Mitgliederversammlung zur Entscheidung darüber einzuberufen. Geschieht dies nicht, gilt der Ausschließungsbeschluß als nicht erlassen. Wird Berufung nicht oder nicht rechtzeitig eingelegt, gilt dies als Unterwerfung unter den Ausschließungsbeschluß, so daß die Mitgliedschaft als beendet gilt.

Das Mitglied kann zudem auf Vorstandsbeschluß ausgeschlossen werden, wenn es trotz zweimaliger Mahnung mit der Zahlung des Mitgliedsbeitrages im Rückstand ist. Der Ausschluß ist dem Mitglied durch eingeschriebenen Brief mitzuteilen.

§ 6 Mitgliedsbeiträge
Von den Mitgliedern werden Beiträge erhoben. Die Höhe des Jahresbeitrages und Fälligkeit werden von der Mitgliederversammlung festgelegt.

Oder:
Die Festsetzung der Jahresbeiträge erfolgt durch die Vorstandschaft mit einfacher Stimmenmehrheit. Die Vorstandschaft wird weiterhin ermächtigt, eine Beitragsordnung zu erlassen.

Ehrenmitglieder sind von der Beitragspflicht befreit.

§ 7 Organe des Vereins
Vereinsorgane sind
– der Vorstand,
– die Mitgliederversammlung.

§ 8 Vorstand
Der Vorstand im Sinne des § 26 BGB besteht aus dem 1. und 2. Vorsitzenden. Sie vertreten den Verein gerichtlich und außergerichtlich. Jedes Vorstandsmitglied ist einzeln vertretungsberechtigt.

Oder:
Die Vertretungsmacht des Vorstandes ist in der Weise beschränkt, daß er bei Rechtsgeschäften von mehr als _____ DM verpflichtet ist, die Zustimmung des erweiterten Vorstandes einzuholen.

Der erweiterte Vorstand besteht aus
a) dem Vorstand,
b) dem Kassenwart,
c) dem Schriftführer,
d) dem Sportwart, sowie aus
e) bis zu _____ Beisitzern.

Oder:
Der Vorstand im Sinne des § 26 BGB besteht aus dem Vorsitzenden, dem stellvertretenden Vorsitzenden, Kassenwart, dem Schriftführer und Sportwart.
Der Verein wird jeweils durch zwei Mitglieder des Vorstandes vertreten.

§ 9 Aufgaben und Zuständigkeit des Vorstandes
Der Vorstand ist für alle Angelegenheiten des Vereins zuständig, soweit sie nicht einem anderen Organ durch Satzung zugewiesen sind. Zu seinen Aufgaben zählen insbesondere

- Vorbereitung und Einberufung der Mitgliederversammlung sowie Aufstellung der Tagesordnung,
- Einberufung der Mitgliederversammlung,
- Ausführung von Beschlüssen der Mitgliederversammlung,
- Vorbereitung eines etwaigen Haushaltsplanes, Buchführung, Erstellung des Jahresberichtes, Vorlage der Jahresplanung,
- Beschlußfassung über Aufnahmeanträge, Ausschlüsse von Mitgliedern.

§ 10 Wahl des Vorstandes
Der Vorstand wird von der Mitgliederversammlung gewählt. Vorstandsmitglieder können nur Mitglieder des Vereins werden. Die Mitglieder des Vorstandes werden für die Zeit von _____ Jahren gewählt. Der Vorstand bleibt bis zu einer Neuwahl im Amt.

Mit Beendigung der Mitgliedschaft im Verein endet auch das Amt als Vorstand.

§ 11 Vorstandssitzungen
Der Vorstand beschließt in Sitzungen, die vom 1. oder 2. Vorsitzenden einberufen wurden. Die Vorlage einer Tagesordnung ist nicht notwendig.

Der Vorstand ist beschlußfähig, wenn mindestens _____ seiner Mitglieder anwesend sind. Der Vorstand entscheidet mit Stimmenmehrheit. Bei Stimmengleichheit entscheidet die Stimme des Vorsitzenden, bei dessen Abwesenheit die des stellvertretenden Vorsitzenden (2. Vorsitzenden).

§ 12 Mitgliederversammlung
In der Mitgliederversammlung hat jedes Mitglied – auch ein Ehrenmitglied – eine Stimme. Die Übertragung der Ausübung des Stimmrechts auf andere Mitglieder ist nicht zulässig.

Die Mitgliederversammlung ist für folgende Angelegenheiten zuständig:
1. Wahl, Abberufung und Entlastung des Vorstandes,
2. Beschlußfassung über Änderungen der Satzung und über die Vereinsauflösung,
3. Ernennung von besonders verdienstvollen Mitgliedern zu Ehrenmitgliedern,
4. weitere Aufgaben, soweit dies aus der Satzung oder nach Gesetz sich ergibt.

Mindestens einmal im Jahr, möglichst im 1. Quartal, soll eine ordentliche Mitgliederversammlung stattfinden. Sie wird vom Vorstand mit einer Frist von zwei Wochen unter Angabe der Tagesordnung durch schriftliche Einladung einberufen.

Die Tagesordnung ist zu ergänzen, wenn dies ein Mitglied bis spätestens eine Woche vor dem angesetzten Termin schriftlich fordert. Die Ergänzung ist zu Beginn der Versammlung bekanntzumachen.

Außerordentliche Mitgliederversammlungen sind auf Antrag der Mitglieder einzuberufen, wenn ⅓ der Vereinsmitglieder die Einberufung schriftlich unter Angabe der Gründe verlangen.

Die Mitgliederversammlung ist beschlußfähig, wenn sie ordnungsgemäß einberufen wurde und mindestens die Hälfte der Mitglieder anwesend sind. Ist weniger als die Hälfte der Mitglieder anwesend, kann die Mitgliederversammlung erneut und zeitlich unmittelbar darauf einberufen werden; sie ist dann ohne Rücksicht auf die Zahl der anwesenden Mitglieder beschlußfähig.

Beschlüsse der Mitgliederversammlung werden mit einfacher Mehrheit gefaßt, Satzungsänderungen bedürfen einer ¾ Mehrheit der anwesenden Mitglieder. Hierbei kommt es auf die abgegebenen gültigen Stimmen an. Stimmenthaltungen gelten als ungültige Stimmen.

§ 13 Protokollierung
Über den Verlauf der Mitgliederversammlung ist ein Protokoll zu fertigen, das von dem Versammlungsleiter und dem Schriftführer (Protokollführer) zu unterzeichnen ist.

§ 14 Rechnungsprüfer
Die von der Mitgliederversammlung gewählten zwei Rechnungsprüfer überwachen die Kassengeschäfte des Vereins. Eine Überprüfung hat mindestens einmal im Jahr zu erfolgen; über das Ergebnis ist in der Jahreshauptversammlung zu berichten.

§ 15 Auflösung des Vereins
Die Auflösung des Vereins ist durch Beschluß der Mitgliederversammlung mit ⅔ Mehrheit der stimmberechtigten Mitglieder herbeizuführen.

Im Falle der Auflösung des Vereins oder bei Wegfall seines bisherigen Zweckes fällt das Vereinsvermögen an eine Körperschaft oder gemeinnützigen Verein, der gleiche Zwecke verfolgt. Die Bestimmung hierfür obliegt dem Vorstand. Vor Durchführung ist das Finanzamt hierzu zu hören.

Wird mit der Auflösung des Vereins nur eine Änderung der Rechtsform oder eine Verschmelzung mit einem gleichartigen anderen Verein angestrebt, so daß die unmittelbare ausschließliche Verfolgung des bisherigen Vereinszwecks durch den neuen Rechtsträger weiterhin gewährleistet wird, geht das Vereinsvermögen auf den neuen Rechtsträger über.

Oder:
Bei der Auflösung des Vereins fällt das Vermögen an die Stadt _____, Gemeinde _____, die es unmittelbar und ausschließlich für gemeinnützige Zwecke, insbesondere zur Förderung des Sports zu verwenden hat.

Ist wegen Auflösung des Vereins oder Entziehung der Rechtsfähigkeit die Liquidation des Vereinsvermögens erforderlich, so sind die zu diesem Zeitpunkt im Amt befindlichen Vereinsvorsitzenden die Liquidatoren; es sei denn, die Mitgliederversammlung beschließt auf einer ordnungsgemäß einberufenen Mitgliederversammlung über die Einsetzung eines anderen Liquidators mit ¾ Mehrheit der anwesenden stimmberechtigten Mitglieder.

Vorstehende Satzung wurde am _____ 19_____ in _____ von der Gründerversammlung beschlossen.

Hierfür zeichnen als Gründungsmitglieder:

_____
(Vor-/Zuname, eigenhändige Unterschrift)

3.3 Weitere Satzungsmuster (Auszüge)

Tip: Die individuelle Vereinssatzung sollte sich auch nach bereits vorliegenden Satzungen von Dachverbänden oder größeren, in der Zielrichtung nach dem beabsichtigten Vereinszweck vergleichbaren Organisationen richten. Zudem besteht häufig eine mehr oder weniger notwendige Anschlußpflicht an diese übergeordneten Institutionen (meist auch Vereine). Dies kann sich z. B. im sportlichen Bereich dadurch ergeben, daß nur beim Anschluß überhaupt ein Wettkampfbetrieb möglich ist. Die in diesen übergeordneten Vereinen enthaltenen Ordnungsbestimmungen können etwa durch die Berücksichtigung der Zugehörigkeit zum Verband bereits über die Satzung des „Kleinvereins" zur verbindlichen Regelung für Verein und Mitglieder werden.

Nachfolgend enthält das **auszugsweise** wiedergegebene **Muster** Einzelbeispiele für mögliche Definitionen des Vereinszwecks, wobei jedoch steuerliche Überlegungen unberücksichtigt bleiben.

Auszugsweise Mustersatzung eines Tierzüchtervereins

Satzung

§ 1 Name und Verbandszugehörigkeit

Der Verein führt den Namen „Kleintierzuchtverein _____".

Der Verein hat seinen Sitz in _____ und ist beim Registergericht des Amtsgerichts _____ einzutragen. Der Verein ist Mitglied im Landesverband _____. Die Mitgliedschaft erstreckt sich auch auf alle übergeordneten Organisationen der Landesverbände. Diese sind der _____-Verband, Bund der _____.

Die Satzungen, Ordnungen, Richtlinien und Weisungen der genannten Organisationen sind für den Verein und seine Mitglieder selbst verbindlich.

§ 2 Zweck des Kleintierzuchtvereins

Mit dem Verein wird der Zusammenschluß aller Kleintierzüchter und Kleintierhalter im Vereinsgebiet angestrebt. Zweck des Vereins ist die gegenseitige Beratung und Belehrung der Mitglieder durch Wort, Schrift und Bild, gegenseitige Aussprache in allen züchterischen und damit verbundenen wirtschaftlichen Angelegenheiten. Zweck des Vereins ist darüber hinaus

- die Unterrichtung der Mitglieder über wirtschaftlich geeignete Futtergrundlagen und Abfallverwertung,
- Errichtung von Zuchtberatungsstellen, Durchführung von Stallbauten bei Mitgliedern und Beratung derselben beim Erwerb von Tieren,
- Durchführung einheitlicher Kennzeichnung der Tiere, Verwirklichung der einzelnen Musterbeschreibungen der einzelnen Rassen, koordiniert mit einer geordneten Zuchtbuchführung,
- Förderung des Ausstellungswesens, Veranstaltung und Beschickung von Ausstellungen und damit verbundener Werbeveranstaltung.

§ 3 Erwerb der Mitgliedschaft

Die Mitgliedschaft im Verein kann jeder im Vereinsgebiet oder darüber hinaus wohnende Kleintierzüchter oder Kleintierhalter erwerben. Über die Beitrittserklärung hat ...

Durch den Erwerb der Mitgliedschaft bei dem Verein wird gleichzeitig die Mitgliedschaft beim Dachverband der betreffenden Tiergattung erworben. Durch die Aufnahmeerklärung erkennt das aufgenommene Mitglied die Satzung des Vereins für sich verbindlich an und unterwirft sich dadurch auch den Ehrengerichten der einzelnen Fachverbände.

> Mit der Mitgliedschaft verpflichten sich die Mitglieder, in den Vorschriften dieser Satzung einer gewissenhaften Befolgung der Bestimmung des Dachverbandes für eine ordnungsgemäße Züchterarbeit Sorge zu tragen. Den vom Verein bestimmten Stallschaukommissionen ist jederzeit Zutritt zu Stallungen und Einsicht in Zuchtunterlagen zu gewähren. Bei Verdacht auf eine Seuche oder übertragbare Krankheiten von Tieren hat eine sofortige Information des Vereins zu erfolgen; auf Verlangen des Vereins ist über das Ergebnis einer tierärztlichen Untersuchung erschöpfend Auskunft zu erteilen.
>
> **§ 4 Zahlung von Mitgliedsbeiträgen ...**

3.4 Fördervereine: Zweck und Satzungsvorschläge

Zur Erfüllung bestimmter sozialer Aufgaben werden häufig sog. Fördervereine gegründet. Bei der nachfolgenden auszugsweise wiedergegebenen Satzung soll durch den Förderverein eine Zusammenarbeit zwischen politischer Gemeinde (z.B. Stadt) und Kirchengemeinden realisiert werden. Im Hinblick auf das oft vorhandene deutliche Interesse der einzelnen Mitglieder des Vereins wird bei derartigen Förderungsvereinen in der Satzung das Mitbestimmungsrecht durch die Aufnahme eines separaten Entscheidungsgremiums berücksichtigt. Statt Verwaltungsrat kann es sich begrifflich hierbei auch um einen Beirat, Kuratorium o.ä. handeln.

Einfachere Formen von Fördervereinen gibt es häufig auch zur Pflege regionalen Brauchtums. Insbesondere in ländlichen Gemeinden entstehen hier oft Fördervereine (z.B. Dorfmuseum _____ e.V.). Zweck ist hierbei die Beteiligung von interessierten Gemeindemitgliedern bei der Erhaltung bestimmter kultureller Werte o.ä., dies jedoch getrennt von dem Aufgabenbereich der Stadt bzw. Gemeinde. Um eine Einflußnahme der politischen Gemeinde zu sichern, ist es zulässig, daß man z.B. beim Vorstand bestimmt, daß einer der Vorstände, z.B. bei Einzelvertretungsbefugnis, stets der jeweilige amtierende Bürgermeister sein muß.

Mustersatzung Förderverein (Auszug)

Satzung

§ 1 Name und Sitz
Der Verein führt nach Eintragung in das Vereinsregister den Namen „Jugendarbeit _____ e.V.". Der Verein hat seinen Sitz in _____ und ist beim Vereinsregister des Amtsgerichts _____ einzutragen.

§ 2 Aufgaben
Der Zweck des Vereins besteht in der Förderung der Jugendarbeit in der Stadt/Gemeinde _____, insbesondere der offenen Jugendarbeit. Der Verein soll dazu beitragen, den Jugendlichen Erziehungshilfen zu gewähren und ihnen eine demokratische, christliche und ökumenische Verhaltensweise zu vermitteln.

Die Gründung des Vereins erfolgt, um die in der Jugendarbeit bestehende kirchliche (ökumenische) Zusammenarbeit mit Unterstützung der Stadt/Gemeinde _____ zu vertiefen und zu verbreiten. Der Verein ist befugt, ggf. haupt- oder nebenberufliche Mitarbeiter einzustellen. Dadurch entstehende Kosten trägt die Gemeinde/Stadt _____.
Für die Jugendarbeit benötigte erforderliche Räumlichkeiten und etwaige gemäß Haushaltsplan anfallende Sachkosten werden von den Kirchengemeinden zur Verfügung gestellt. Näheres wird vertraglich zwischen dem Förderverein und den beteiligten juristischen Personen geregelt.

§ 3 Mitgliedschaft
Vereinsmitglieder können juristische und natürliche Personen werden, die in der Stadt/Gemeinde _____ ihre Hauptwohnung haben. Über die Aufnahme neuer Mitglieder entscheidet die Mitgliederversammlung mit ¾ Mehrheit. Die Gesamtzahl der Mitglieder darf _____ nicht überschreiten. Die Mitgliedschaft endet durch Austritt, der durch schriftliche Erklärung gegenüber dem Vorstand erfolgt, Ausschluß, Tod oder Verlust eines etwaigen Amtes sowie bei juristischen Personen durch Wegfall der Rechtsfähigkeit.

Gründungsmitglieder sind die Gemeinde _____ / Stadt _____, _____ Stadt-/Gemeinderäte, die ev. Kirchengemeinde _____, die kath. Kirchengemeinde _____ sowie _____.

Die Vorsitzenden des Vorstandes und des Verwaltungsrates sind Mitglieder von Amts wegen.

§ 4 Beiträge
Beiträge können von der Mitgliederversammlung festgesetzt werden; Mitglieder von Amts wegen sind beitragsfrei.

§ 5 Vereinsorgane
*Diese sind
a) die Mitgliederversammlung,
b) der Verwaltungsrat,
c) der Vorstand.*

§ 6 Mitgliederversammlung
......

§ 7 Verwaltungsrat
*Der Verwaltungsrat besteht aus _____ Mitgliedern, die nicht Mitglieder des Vereins sein müssen.
Als Verwaltungsräte werden, jeweils für die Dauer von _____ Jahren,
a) der Bürgermeister oder ein Bürgermeisterstellvertreter der Gemeinde _____/Stadt _____,
b) _____ weitere Verwaltungsräte aus der politischen Gemeinde,
c) _____ Verwaltungsräte, die jeweils aus der kath. Kirchengemeinde sowie aus der ev. Kirchengemeinde benannt werden.
Der Verwaltungsrat wählt aus seiner Mitte einen Vorsitzenden für ____ Jahre; Wiederwahl ist möglich.
Verwaltungsratssitzungen werden vom Vorsitzenden mindestens einmal im Jahr einberufen. Eine außerordentliche Sitzung ist einzuberufen, wenn mehr als $1/3$ der Verwaltungsräte die Einberufung schriftlich unter Angabe der Gründe verlangen. Der Vorsitzende des Vorstandes nimmt an den Sitzungen des Verwaltungsrats mit beratender Stimme teil. Vertretung durch ein anderes Vorstandsmitglied ist bei Verhinderung möglich. Einzelheiten sind in einer Geschäftsordnung zu regeln, die sich der Verwaltungsrat gibt.*

§ 8 Aufgaben des Verwaltungsrats
Der Verwaltungsrat unterstützt den Vorstand bei der Erfüllung des Vereinszwecks. Die Verwaltungsräte sind berechtigt, alle den Verein betreffenden Unterlagen einzusehen und ggf. vom Vorstand ergänzende Erläuterungen zu verlangen. Die Verwaltungsräte sind befugt, mit Bindewirkung für den Vorstand über die Auswahl von Berufung und Abberufung von Mitarbeitern zu entscheiden. Dienstanweisungen gegenüber Mitarbeitern sind von Verwaltungsrat und Vorstand einvernehmlich zu erlassen. Beschlüsse hierfür bedürfen einer $3/4$ Mehrheit aller Verwaltungsräte. Der Verwaltungsrat kann für bestimmte Aufgaben Ausschüsse bilden.

§ 9 Vorstand
Der Vorstand im Sinne von § 26 BGB besteht aus mindestens vier Vorstandsmitgliedern. Je zwei Vorstandsmitglieder vertreten den Verein gemeinsam. Mitglieder des Vorstandes können nur natürliche, volljährige Personen sein. Sie werden auf die Dauer von ... Geschäftsjahren von der Mitgliederversammlung gewählt. Die Vorstandsmitglieder bleiben auch nach Ablauf ihrer Amtszeit bis zur Neuwahl im Amt. Für die Beschlußfassung gelten die §§ 28, 32 BGB.
......

Anmerkung: Bei diesem Satzungsvorschlag ist die Vertretungsbefugnis für zwei gewählte Vorstände vorgesehen. Sie können nur gemeinsam handeln. Diese Regelung der Vertretungsbefugnis empfiehlt sich an und für sich für Fördervereine o. ä., wenn sich schon aus dem Vereinszweck ergibt, daß der Verein – im Gegensatz etwa zu einem Sportverein – nicht zu große Aktivitäten entfaltet.

Hinweise zum Vereinszweck: Fördervereine werden auch oft zur Unterstützung wissenschaftlicher Forschungen etc. gegründet. Hier ist besonderer Wert auf die Formulierung des Vereinszwecks zu legen.

Beispiel: „Zweck des Vereins ist die Förderung von _____ Forschung und die Verbreitung von erarbeiteten Ergebnissen.
Der Satzungszweck wird insbesondere durch die Durchführung und Unterstützung von Forschungsvorhaben, Veröffentlichung von Forschungsergebnissen, Veranstaltungen von Exkursionen, Vorträgen, Seminaren und Arbeitstagungen, Einrichtung von Arbeitsgruppen und Zusammenarbeit mit Vereinigungen, die gleichlautende Ziele verfolgen, verwirklicht.
Der Förderverein erstrebt keinen Gewinn und ist selbstlos tätig. Die Mittel des Vereins dürfen nur zu satzungsgemäßen Zwecken verwendet werden. Mitglieder erhalten keine Zuwendungen aus Mitteln des Vereins. Keine Person darf durch Ausgaben, die den Zwecken des Vereins fremd sind, begünstigt werden. Ausgaben und Vergütungen dürfen die tatsächlich entstandenen Kosten nicht überschreiten, sie sind über Belege bzw. Vereinsbuchhaltung nachzuweisen."

Fördervereine werden weiterhin auch oft geschaffen, um bestimmte kulturelle Einrichtungen, Baudenkmäler o. ä. zu unterhalten (bekannte Beispiele: Dom- Münsterbauvereine e.V.). Hier muß bei der Formulierung des Vereinszwecks sichergestellt sein, daß ein auf Gewinnverwirklichung gerichteter gewerblicher Betrieb ausgeschlossen ist.
Soll – entgegen dem vorstehenden Muster – eine direkte Einflußnahme

des unterstützenden Gremiums (Kuratorium, Beirat, Verwaltungsrat o.ä.) ausgeschlossen werden, kann beispielsweise bereits in der Satzung folgendes bestimmt werden:

§ 5 Organe des Vereins
„Organe des Vereins sind die Mitgliederversammlung und der Vorstand. Zur Unterstützung des Vorstandes oder zur Durchführung verschiedener Aufgaben kann der Vorstand einen wissenschaftlichen Beirat berufen."

4. Schritt

3.5 Die Gründungsversammlung

Sind die wichtigsten Satzungsinhalte geklärt und diese schriftlich niedergelegt worden, dann sollte mit den Gründungsmitgliedern eine erste Hauptversammlung zur Vereinsgründung abgehalten werden.

Das Registergericht verlangt bei der Vereinsanmeldung einen Bericht über diesen Vorgang. Es sollte daher über den Ablauf der Versammlung ein **schriftliches Protokoll** angefertigt werden.

Auf die Führung einer separaten **Teilnehmerliste** sollte unbedingt geachtet werden, zur Dokumentation der Beschlußfähigkeit auch bei späteren Versammlungen!

Muster: Teilnehmerliste

„Verein ..."

Teilnehmerliste zur Mitgliederversammlung vom _____ 19____
Ort:
Beginn: Ende:
Protokollführer:

Lfd. Nr.	Vor- u. Zuname	Anschrift m. Postleitzahl	eigenhändige Unterschrift
1			
2			
3			
4			

Protokollmuster für Gründungsversammlungen

Protokoll

Protokoll der Gründungs- und Mitgliederversammlung mit Satzungserstellung und Vorstandswahl des künftigen Vereines: (Name)

Am _____, den _____ 19_____ in der Gaststätte _____, Ort

Beginn _____ Uhr

Herr/Frau _____ leitete zunächst die Sitzung und eröffnete die Versammlung. Durch Zuruf wurde Herr/Frau _____ als Versammlungsleiter bestätigt.

Es wurde sodann den Anwesenden folgende **Tagesordnung** vorgelegt:
1. Beschlußfassung über die Konstituierung des Vereins„_____"
   sowie Beschlußfassung über die Gründungssatzung
2. Wahlen
3. Beschlüsse über Organisationsfragen
4. Verschiedenes
Die Tagesordnung wurde in dieser Form gebilligt.

Die den Anwesenden vorgelegte Satzung wurde daraufhin erläutert. Einigkeit bestand darüber, den Satzungsentwurf aufgrund der Anregung von Herrn/Frau _____ in § _____ wie folgt zu ändern: „_____".

Es wurden sodann folgende einstimmigen Beschlüsse gefaßt:
1. Die anwesenden Mitglieder bekräftigen einstimmig den Beschluß, den Verein _____ zu gründen und die Rechtsfähigkeit durch Eintragung im Vereinsregister anzustreben.
2. Die Vereinssatzung wird unter Berücksichtigung der vorgebrachten Änderungen angenommen. Es wurde sodann eine Mitgliederliste vorgelegt. Die eingetragenen Anwesenden erklärten einstimmig, dem neuen Verein als Mitglieder beizutreten.

Auf Vorschlag des Sitzungsleiters wurde ein Wahlausschuß bestimmt, den Herrn/Frau _____ als Wahlleiter leitete. Auf Vorschlag aus dem Kreis der Mitglieder wurden folgende Personen zur Wahl vorgeschlagen:

Als 1. Vorsitzender Herr/Frau _____

Als 2. Vorsitzender Herr/Frau _____

Die vorgeschlagenen Vorstandsmitglieder erklären sich zur Kandidatur bereit. Ohne Widerspruch wurde in offener Abstimmung sodann die Vorstandswahl durchgeführt.

Einstimmig – bei Stimmenthaltung der betroffenen Vorstandsmitglieder
– wurden gewählt:
1. Herr/Frau _____ als 1. Vorsitzender
2. Herr/Frau _____ als 2. Vorsitzender
Die gewählten Vorstandsmitglieder nahmen die Wahl an.
Weiterhin wurden dann auf Vorschlag aus dem Kreis der anwesenden Mitglieder folgende Personen gewählt:
Als Schriftführer: Herr/Frau _____
Als Kassenwart: Herr/Frau _____
Als Kassenprüfer: Herr/Frau _____
Als Pressewart: Herr/Frau _____
etc.
Die Gewählten nahmen die Wahl an.
Herr/Frau _____ als 1. Vorsitzender übernahm daraufhin die weitere Versammlungsleitung.
Nach TOP 3 der Tagesordnung wurde einstimmig der Beschluß gefaßt, den Jahresmitgliedsbeitrag wie folgt festzusetzen: Für aktive Mitglieder...
Oder:
Der Vorstand wurde von der Mitgliederversammlung ermächtigt, eine Beitragsordnung zu erlassen. Der Jahresbeitrag für das 1. Vereinsjahr soll auf _____ DM festgelegt werden.
Die anwesenden Mitglieder beauftragten daraufhin den anwesenden Vorstand, beim Vereinsregister alsbald die Eintragung des Vereins zu erwirken und beim Finanzamt die Anerkennung des Vereins als gemeinnützig herbeizuführen. Der vertretungsberechtigte Vorstand wurde im weiteren durch einstimmigen Beschluß ermächtigt, ggf. notwendige Ergänzungen oder Änderungen bei dem Satzungsentwurf vorzunehmen, falls von Seiten des Registergerichtes oder des Finanzamtes Bedenken gegen die Eintragung bzw. die Gewährung der Anerkennung als gemeinnützig vorgebracht werden. Klargestellt wurde, daß sich dieser Beschluß nicht auf sonstige Satzungsbestimmungen bezieht.
TOP 4:
Die verschiedenen Aktivitäten des künftig rechtsfähigen Vereins wurden erörtert. Den anwesenden Mitgliedern wurde zugesagt, daß nach Eintragung beim Registergericht die Satzung alsbald zur Verfügung gestellt wird.
Die Gründungsversammlung wurde um _____ Uhr geschlossen.
Für die Richtigkeit:

_____   _____
    (Protokollführer)   (Versammlungsleiter)

Hinweis: Es ist weiterhin zunächst notwendig, daß mindestens sieben Mitglieder die Gründungssatzung eigenhändig unterschreiben. Dies kann schon in der Gründungsversammlung erfolgen, wenn die Satzung nur in geringfügiger Weise geändert wird.

> **5. Schritt**

3.6 Anmeldung zum Registergericht

Idealvereine müssen zur Erlangung der Rechtsfähigkeit nach der Vereinsgründung den Vorgang beim **Vereinsregister** anmelden. Zuständig ist das örtliche Amtsgericht, bei dem der Verein seinen künftigen Sitz hat. In Ausnahmefällen gibt es ein bestimmtes Amtsgericht, das für mehrere kleinere Amtsgerichtsbezirke zuständig ist, d.h. das dort das Register führt.

3.6.1 Unterlagen

Zur Anmeldung kann das nachfolgend abgebildete Muster verwendet werden. Im Original vorzulegen ist lediglich die Urschrift der Satzung, aus der sich auch die (mindestens) sieben Originalunterschriften der Gründungsmitglieder ergeben müssen. Eine Abschrift oder Fotokopie der Satzung sowie des Gründungsprotokolls ist beizufügen.

Hinweis: Zuvor muß der vertretungsberechtigte Vorstand (im Sinne des § 26 BGB) eine Unterschriftsbeglaubigung seiner Unterschriften herbeiführen. Zuständig für die Unterschriftsbeglaubigung ist der Notar oder (z.B. in Baden-Württemberg) der Grundbuchratsschreiber. Sonstige Dienststellen oder Behörden sind hierzu nicht befugt.

Gebühren-Tip: Wird die nachfolgend **vorformulierte** Anmeldung vorgelegt, bringt dies Gebührenvorteile. Der Notar bzw. Grundbuchbeamte wird lediglich anhand der ihm vorzulegenden Personalausweise eine Identitätsüberprüfung vornehmen und die Unterschriften öffentlich beglaubigen.

Die Beglaubigungsgebühr beträgt in der Regel ¼ der Anmeldungsgebühr nach der Kostenordnung. Wird der vorformulierte Text daher vorgelegt, entstehen geringfügige Beglaubigungsgebühren (z.Zt. 11,30 DM).

Weitere Gebührenhinweise: Für den Vollzug der Eintragung wird das Registergericht dem Verein eine doppelte Gebühr nach der Kostenordnung, d.h. 90 DM an reinen Eintragungsgebühren in Rechnung stellen. Hinzu kommen noch die Bekanntmachungskosten, die dadurch entstehen, daß die Vereinsgründung mit gewissen Angaben, meist in einer regionalen

Tageszeitung, auf Veranlassung des Vereinsregisters veröffentlicht wird. Hierfür fallen erfahrungsgemäß je nach Länge der Bekanntmachung ca. 70 – 80 DM an Bekanntmachungsauslagen an, die auf jeden Fall, also auch bei bestehender Gebührenfreiheit, vom Verein zu entrichten sind. Wird der Idealverein als gemeinnützig zu einem späteren Zeitpunkt anerkannt, führt dies zu einem Gebührenerlaß bei den Eintragungsgebühren. Da das Finanzamt erst zu einem späteren Zeitpunkt nach Prüfung der Satzung Gemeinnützigkeit „erteilt", empfiehlt es sich, wie im vorstehenden Muster das Vereinsregister bereits bei der Anmeldung darauf hinzuweisen, daß die Gemeinnützigkeit angestrebt wird. Vielfach sind die Registergerichte hier bereit, zunächst von einer Anforderung der Eintragungsgebühren abzusehen. Der Vereinsvorstand sollte sich jedoch unverzüglich darum bemühen, daß er zumindest eine vorläufige Bescheinigung des Finanzamtes (Vordruck) erhält, aus der hervorgeht, daß der Verein nach der eingebrachten Satzung ausschließlich und unmittelbar gemeinnützigen, mildtätigen oder kirchlichen Zwecken dient. Eine Kopie dieser Bescheinigung ist dem Vereinsregister unverzüglich einzureichen.

3.6.2 Muster für Vereinsregister-Anmeldung

Name des Vereins
Anschrift
　　　　　　　　　　　　　　　　_____, den _____ 19_____

An das
Amtsgericht – Registergericht
_____　_____

Betr.: Erstanmeldung zum Vereinsregister

Zur Eintragung in das Vereinsregister melden wir den Verein

_____
　　(vollständiger Name mit e.V.-Zusatz)

mit Sitz in _____ an.

Zu Vorstandsmitgliedern im Sinne des § 26 BGB sind bestellt:
1. _____ *(vollständige Adresse*
2. _____ *mit Berufsbezeichnung)*

> Beigefügt sind:
> a) Urschrift der Satzung
> b) Abschrift (Fotokopie) der Satzung
> c) Abschrift (Fotokopie) des Gründungsprotokolls
>
> Die genaue Anschrift des Vereins lautet: _____
>
> Die Anerkennung der Gemeinnützigkeit des Vereins wird beim Finanzamt beantragt und eine entsprechende Bescheinigung nachgereicht.
>
> _____
> *(Unterschriften)*

3.7 Der aktive Verein als „e.V."

Ist die Anmeldung erledigt und trägt das Registergericht den Verein ohne Beanstandung im Vereinsregister ein, erhält der Vorstand die Urschrift der Satzung mit Eintragungsvermerk zurück.
Damit kann der Verein als „e.V." tätig werden. Neben dem regen Vereinsleben, das danach zu erwarten ist, wird der Vorstand neben sonstigen, ggf. steuerlichen Pflichten das Jahr über, spätestens zum anstehenden Termin zur Hauptversammlung wieder aktiv.
Wie eingangs dargelegt, kann eine Hauptversammlung auch ohne Neuwahlen abgehalten werden, wenn etwa die Satzung nur einen 2- oder 3-Jahresturnus für Wahlen der Vorstandschaft vorsieht.

Wichtig: Auf die Einhaltung der Ladungsfristen für Mitgliederversammlungen ist unbedingt zu achten.
Werden hier Fehler gemacht, kann dies u.U. dazu führen, daß gefaßte Beschlüsse, oft rückwirkend, für ungültig erklärt werden.
Für die Einladung kann das folgende Muster verwendet werden. Es berücksichtigt bereits satzungsnotwendige Neuwahlen; bei „normalen Hauptversammlungen" ohne Wahlen sind entsprechende Passagen wegzulassen.

3.7.1 Muster-Einladung für Hauptversammlung

Name des Vereins　　　　　　　_____, den _____ 19_____
Anschrift

Einladung

Sehr geehrtes Mitglied,

hiermit laden wir Sie zu der am Samstag, den _____ 19_____ um
_____ Uhr in der Gaststätte/im Vereinshaus _____ in
_____ Ort, stattfindenden

ordentlichen Mitglieder-Versammlung

ein.

Tagesordnung:

1. Jahresbericht des 1. Vorsitzenden
2. Bericht der Abteilung _____
3. Bericht der Abteilung _____
4. Bericht des Kassenwarts
5. Bericht der Kassenprüfer
6. Aussprache über die Berichte
7. Ehrungen
8. Anträge
9. Entlastung des Vorstandes
10. Neuwahlen
11. Vorschau für das neue Vereinsjahr
12. Verschiedenes

Mit freundlichen Grüßen

_____
Verein e.V.
Der Vorstand

3.7.2 Veränderung im laufenden Wirtschaftsjahr

Auch das Vereinsregister muß über einige Sachverhalte von wesentlichen Änderungen, die auf Mitgliederversammlungen beschlossen worden sind, unterrichtet werden.
Die Einladung muß daher bereits die Mitglieder hierüber informieren.

Dies betrifft im einzelnen:
- **Satzungsänderungen,**
- Änderung in der Besetzung des **Vorstandes,**
- Mitteilungen über **Auflösung, Verlust der Rechtsfähigkeit, Bestellung von Liquidatoren** etc.

3.7.3 Satzungsänderungen

Zum Teil wird eine Satzungsänderung oft Jahre später u.U. deshalb notwendig, weil sich z.B. der Vereinszweck geändert hat oder einzelne Bestimmungen in der Satzung modifiziert werden müssen.
Wünsche zur Satzungsänderung werden z.T. aus dem Kreis der Mitgliederschaft vorgetragen. Wie schon eingangs angedeutet, wird auch oft von Seiten des Finanzamtes verlangt, daß insbesondere ältere Satzungen an die geänderte steuerliche Betrachtungsweise der Finanzverwaltung angepaßt werden müssen.

Vorgehensweise: Satzungsänderungen rechtzeitig mit der jährlichen Mitgliederversammlung einbringen! Wichtig ist, daß bei der Einladung zur Mitgliederversammlung in der Tagesordnung im einzelnen aufgeführt wird, welche Satzungsänderung angestrebt wird. Satzungsänderungen müssen ausdrücklich als **besonderer** Tagesordnungspunkt in der Einladung angekündigt werden. Über einem TOP „Verschiedenes" kann eine Satzungsänderung nicht rechtswirksam beschlossen werden.

Beispiel einer Tagesordnung:
1. Tätigkeitsbericht _____
2. _____
3. _____
4. Antrag des Vorstandes auf folgende Satzungsänderungen:
   § 10 der Satzung ist zu ändern: „Der Vorstand kann jederzeit eine außerordentliche Mitgliederversammlung einberufen. Er ist dazu verpflichtet, wenn mindestens 5% der Mitglieder die Einberufung schriftlich unter Angabe der Gründe dies verlangen."

Die derzeit gültige Satzung wird auf schriftliche Anforderung der interessierten Mitglieder nochmals zur Verfügung gestellt, sie liegt zudem zur Einsicht bei der Mitgliederversammlung vor.

5. _____
6. _____

(Der Vorstand)

Nach Beschlußfassung über die **Satzungsänderung** ist dann das Vereinsregister hiervon zu unterrichten. Hierfür kann folgendes Muster verwendet werden:

3.7.4 Mitteilung einer Satzungsänderung

An das
Amtsgericht _____
Registergericht
Postfach

_____ *Ort* _____, *den* _____ *19*_____

Betr.: Satzungsänderung *des* _____-*Verein e.V.*
Registernummer: _____

Auf der ordnungsgemäß einberufenen Mitgliederversammlung vom _____ *19*_____ *wurde beschlossen, die Satzung wie folgt zu ändern:*

§ 10 (kompletter Wortlaut)
In der Anlage übersende ich Urschrift und Abschrift des Versammlungsprotokolls vom _____ *19*_____
Als alleinvertretungsberechtigter Vorstand wird versichert, daß der Beschluß ordnungsgemäß zustande gekommen ist.
Die Satzungsänderung wird hiermit zur Eintragung in das Vereinsregister angemeldet.

_____
(1. Vorstand)

Nicht vergessen:
Beglaubigungsvermerk des Notars über die Echtheit der Unterschrift des Vorstandes.
Für eine Satzungsänderung ist – im Gegensatz zur Erstanmeldung – z.B. nur die Unterschrift ggf. eines (alleinvertretungsberechtigten) Vorstandes in beglaubigter Form erforderlich.

Gerichts-Kosten: Jede **spätere** Änderung (Wechsel im Vorstand, Satzungsänderung) beträgt 45 DM. Günstiger wird es nur bei der Mitteilung zur Löschung des Vereins (22,50 DM).

3.7.5 Wahl eines neuen Vorstandes

Auch der Wechsel im Vorstand ist dem **Registergericht unverzüglich** mitzuteilen. Dies gilt selbst dann, wenn die Vorstandsneuwahl lediglich einen (internen) Ämterwechsel bringt, etwa daß der 2. Vorsitzende künftig als 1. Vorsitzender amtiert.

3.7.6 Musterschreiben an Vereinsregister wegen Vorstandswechsel

---

An das
Amtsgericht _____
Registergericht

_____ *Ort* _____, *den* _____

Betr.: Vorstandswechsel *beim* _____-*Verein e.V.*
Registernummer: _____

Aufgrund der Mitgliederversammlung vom _____ *19*_____
ergab die Vorstandswahl folgende Veränderung, die zur Eintragung angemeldet wurden:

1. Vorsitzender (Name, Beruf, Anschrift)
2. Vorsitzender _____

Urschrift und Abschrift des Versammlungsprotokolls vom _____
sind beigefügt.

Es wird versichert, daß die Versammlung satzungsgemäß einberufen und der heute mitgeteilte Beschluß ordnungsgemäß zustandegekommen ist.

_____
(Datum, Unterschriften)
Beglaubigungsvermerk über die Echtheit der Unterschriften

Hinweis: Das Sitzungsprotokoll über den Ablauf der Mitgliederversammlung ist bei Vorstandsänderungen in Kopie vorzulegen. Es ist auch darauf zu achten, daß das Sitzungsprotokoll in ordnungsgemäßer Weise **unterzeichnet** wird. Für die Mitteilung an das Vereinsregister sind die Unterschriften von Vorstandsmitgliedern (dies können wieder- oder neugewählte sein) in vertretungsberechtigter Zahl erforderlich.

3.7.7 Zum Ablauf der Hauptversammlung

Meist schreibt bereits die **Satzung** vor, daß ein Protokoll über den Ablauf und die Ergebnisse der Hauptversammlung zu führen ist. Vor Beginn und Eröffnung der Versammlung sollte daher zunächst der Protokollführer bestimmt werden, soweit dies nicht bereits lt. Satzung ohnehin vorgeschrieben ist. Auch sollte gleich zu Beginn eine Anwesenheitsliste in Umlauf gebracht werden (Muster siehe Abschn. 3.5).
Wichtig ist nach Eröffnung der Versammlung die Feststellung der Beschlußfähigkeit entsprechend der Anzahl der erschienenen Mitglieder. Wie oben ausgeführt, muß für Satzungsänderungen und Vorstandswechsel das Protokoll dem Registergericht vorgelegt werden. Auch wird häufig, z. T. erst zeitlich wesentlich später, das Versammlungsprotokoll sogar vom Finanzamt zur Einsichtnahme angefordert.
Das nachfolgende Protokoll-Muster berücksichtigt Neuwahlen, also den Ablauf einer sog. „Generalversammlung".

3.7.8 Protokoll-Muster Mitgliederhauptversammlung

Protokoll der Mitgliederhauptversammlung des _____ Verein e.V. vom _____ 19_____ im Sportheim _____ in _____

Beginn der Veranstaltung: _____ Uhr

TOP 1: Begrüßung durch den Vorstand

Der 1. Vorsitzende _____ eröffnete die Mitgliederversammlung und begrüßte die anwesenden Mitglieder. Es wurde zunächst festgestellt, daß die Mitgliederversammlung ordnungsgemäß einberufen wurde und beschlußfähig ist. Die mit dem Einladungsschreiben übersandte Tagesordnung wurde nochmals bekanntgegeben. Begrüßt wurde die Anwesenheit von Herrn Bürgermeister _____ und weiterer Vorstände örtlicher Vereine.

TOP 2: Protokoll der Hauptversammlung 19_____

Der Schriftführer verliest das Protokoll der Hauptversammlung vom _____ 19_____. Das Protokoll wird von den Anwesenden gebilligt.

TOP 3: Geschäftsbericht des Vorstandes, dessen Entlastung

Der 1. Vorsitzende berichtete über die verschiedenen Vereinsaktivitäten im laufenden Kalenderjahr. Erfreulicherweise konnte festgestellt werden, daß sich die Mitgliederzahl des Vereins wiederum erhöht hatte.

Im Anschluß daran gab der Kassierer einen Rechenschaftsbericht ab. Es wurde ein ausgeglichener Kassenbestand festgestellt.

Anschließend gaben die Kassenprüfer das Ergebnis ihrer Prüfung bekannt. Es konnten keine Beanstandungen festgestellt werden.

Auf Vorschlag des Kassenprüfers wurde sodann dem Vorstand einstimmig Entlastung erteilt.

TOP 4: Es folgten dann weitere Jahresberichte der einzelnen Abteilungen

TOP 5: Behandlung von Anträgen

TOP 6: Vorschau über anstehende Termine für das Vereinsjahr 19____

TOP 7: Vorstandswahlen

Aus dem Kreis der Mitglieder wurde ein Wahlausschuß benannt, bestehend aus Herrn/Frau _____ und Herrn/Frau _____.

Herr/Frau _____ wurde als Wahlleiter gewählt. Herr/Frau _____ als Wahlleiter führte dann die Vorstandswahlen durch.

Die Neuwahlen ergaben folgendes Ergebnis: Zum 1. Vorsitzenden wurde Herr _____, Beruf, Anschrift gewählt (Angabe des Abstimmungsverhältnisses).

Zum 2. Vorsitzenden wurde Frau _____, Beruf, Anschrift gewählt (Angabe des Abstimmungsverhältnisses).

1. Kassierer: Herr _____, Beruf, Anschrift.

Jugendwart etc. _____

Schriftführer _____, Beisitzer (falls in der Satzung vorgesehen), Kassenprüfer etc.

Die Gewählten nahmen die Wahl an. Der neue Vorstand übernahm daraufhin die Versammlungsleitung.

TOP 8: Verschiedenes

Über Anregungen aus Kreisen der Mitglieder wurde diskutiert.

Die Mitgliederversammlung wurde um ____ Uhr von dem 1. Vorsitzenden geschlossen.

Als Versammlungsleiter   für die Richtigkeit

_____   _____
(eigenhändige Unterschrift)   (Protokollführer/Schriftführer)

4 Kleines Vereins-Abc

Die nachfolgende **Kurzübersicht** soll (ohne Anspruch auf Vollständigkeit) eine kurzgefaßte Auskunft über Vereinspositionen und ihre Aufgaben geben:

Gerätewart: Kümmert sich – meist wie der Materialwart – um Zustand, Erhaltung und Funktionsfähigkeit von Sportgeräten.

Hauswart: Betreut das Clubhaus oder Vereinseinrichtungen, soweit vorhanden.

Jugendwart/Jugendleiter: Fördert die Nachwuchsbetreuung. Je nach Vereinsorganisation ist ihm Weisungsbefugnis gegenüber Jugendtrainern bzw. Organisation und Durchführung von Jugend-Wettkämpfen übertragen.

Kassenwart: Verwaltet und verbucht Ein- und Ausgaben des Vereins. Je nach Aktivität des Vereins muß das Vereinsvermögen unter Beachtung der steuerlichen Buchführungsvorschriften verwaltet werden. Bei kleineren Vereinen genügt die Führung eines entsprechenden Kassenbuches. Sämtliche Einnahmen-/Ausgabenbelege müssen sorgfältig aufbewahrt werden. Erhält oft Bankvollmacht zur Führung des Vereinskontos. Zieht Mitgliedsbeiträge ein.

Materialwart: Hält Geräte und Material in Ordnung und kümmert sich um Ersatzbeschaffungen. Etwaige Investitionen müssen mit dem Vorstand abgesprochen sein.

Platzwart: Insbesondere bei Rasensportvereinen hat er für einen ordnungsgemäßen Zustand des Spielfeldes zu sorgen. Je nach Spielbetrieb werden dem Platzwart weitere Helfer zur Seite gestellt. Er übernimmt meist auch die Verantwortung für organisatorische Maßnahmen (Auszeichnung von Spielfeldern etc.) beim Spielbetrieb.

Pressewart: Hat für die Weitergabe der Spielergebnisse an Verbände o.ä. Vereine zu sorgen. Ist meist zusätzlich beauftragt, auch Spielberichte (etwa bei Auswärtsspielen) zu erstellen und diese der regionalen Presse zur Verfügung zu stellen. Ist für die Darstellung des Vereins nach außen verantwortlich. Je nach Aktivität des Vereins wird ihm meist auch die Herausgabe einer entsprechenden Vereinszeitung/Vereinsmitteilung übertragen.

Rechnungsprüfer (Kassenprüfer): Meist werden hierzu zwei Personen auf Vorschlag der Mitgliederversammlung gewählt, die nicht der Vereinsführung angehören sollten. Die Prüfer überwachen Kasse und Buchführung des Verein, meist durch Kontrolle der Belege in rechnerischer Hinsicht. Die Kassenprüfung sollte zumindest einmal jährlich kurz vor der Hauptversammlung stattfinden.

Schatzmeister: An und für sich funktionsgleich mit dem Kassenwart, Position in „Großvereinen".

Schriftführer: Beim aktiven Vereinsleben organisatorisch nicht wegzudenken. Wird meist gleichzeitig Protokollführer bei Versammlungen sein. Übernimmt oft schriftliche Einladung von Mitgliedern oder Benachrichtigungen an Aktive für den Spielbetrieb.

Spielwart: Trägt meist die Verantwortung für die Durchführung des Spielbetriebes, Terminabstimmungen mit Verband und Verein, in größeren Vereinen mit mehreren Abteilungen wird zwecks Gesamtkoordination oft noch ein Spielausschußvorsitzender eingesetzt.

Sportwart: Bei mehreren Abteilungen eines Vereins wird meist für jede Abteilung ein selbständiger Sportwart eingesetzt, dem meist größere organisatorische Aufgaben übertragen werden, übt Koordinierungsfunktionen aus.

Turnierleiter: Er organisiert und leitet vereinsinterne oder vereinsexterne Turniere sowie Wettkämpfe mit anderen Vereinen. Er wird meist bei Mitgliederversammlungen für künftig stattfindende Turniere bestimmt.

Vergnügungswart: Eines der „wichtigsten" Vereinsämter. Er plant und organisiert Vereinsfeiern, Jubiläen, Feiern mit anderen Wettkampfmannschaften oder Besuchern. Er erhält oft vom Vorstand auch die Befugnis zum Einkauf/Verkauf von Lebensmitteln etc. bei eigener Vereinsbewirtung bzw. Durchführung von Festen etc.

Denkbar sind sicherlich weitere Funktionsbezeichnungen in einem aktiven Vereinsleben. Meist wird man je nach Bedeutung der Position einzelne Funktionsträger in den erweiterten Vorstand berufen. Zu beachten ist, daß in rechtlicher Hinsicht nur der Vorstand im Sinne des § 26 BGB Verpflichtungen für den Verein eingehen kann. Hier muß bei guter Vereinsführung darauf geachtet werden, daß ein jeweiliger Funktionsträger genau darüber informiert ist, welche Vollmachten er nach außen und nach innen hat. Regelmäßig stattfindende Vorstandssitzungen sind hierfür das greifende Instrument, um nicht nur eine Motivation der Funktionsträger herbeizuführen, sondern hierdurch auch Weisungen und nachvollziehbare Vorgaben erteilen zu können.

5 Steuern und Verein

Für Vereine mit **ideeller** Zielrichtung gibt es verschiedene Vergünstigungen im steuerlichen Bereich. Dies gilt allerdings nur für Vereine, deren Satzungszweck die Förderung von Aufgaben und Zielsetzungen beinhaltet, die im öffentlichen Interesse liegen. Gemeinnützige Zwecke werden – grob gesagt – verfolgt, wenn die Allgemeinheit auf materiellem, geistigem oder sittlichem Gebiet selbstlos gefördert wird. Es reicht daher aus, wenn die Förderung nur eines dieser Gebiete betrifft. Es müssen die Belange der Allgemeinheit gefördert werden, somit Ziele, deren Erreichung das allgemeine Wohl fördert und daher auch von öffentlichen Stellen verfolgt werden könnte oder müßte. Werden Aufgaben dieser Art von Vereinen übernommen, d. h. ein uneigennütziger Beitrag für das Gemeinwesen geleistet, sind diese „gemeinnützigen Vereinigungen" steuerlich begünstigt.
Nach § 52 AO sind als Förderung der Allgemeinheit insbesondere anzuerkennen die Förderung von **Wissenschaft** und **Forschung**, **Bildung** und **Erziehung**, **Kunst** und **Kultur**, **Religion**, der **Völkerverständigung**, **Entwicklungshilfe**, des **Umwelt-**, **Landschafts-** und **Denkmalschutzes**, des **Heimatgedankens**, der **Jugend-** und **Altenhilfe**, des **öffentlichen Gesundheitswesens**, des **Wohlfahrtswesens** und des **Sports**; daneben aber auch die allgemeine Förderung des demokratischen Staatswesens (etwa durch politische Parteien). Es handelt sich hierbei nicht um einen abschließenden „Katalog", sondern eine Förderung der Allgemeinheit kann z. B. auch durch die Verbraucherberatung oder aber über den gemeinnützigen Wohnungsbau erfolgen. Wichtig ist auf jeden Fall, daß sich dieser Gemeinnützigkeitsgedanke aus der Satzung und der tatsächlichen Geschäftsführung des Vereins ergibt. Oft wird beispielsweise übersehen, daß etwa ein Verein, der ausschließlich den Zweck der Geselligkeit oder Unterhaltung verfolgt (Freizeitvereine etc.) nicht als steuerlich begünstigt eingestuft wird. Auch beim **Sport** zieht nicht sofort jede „körperliche Ertüchtigung" automatisch die Gemeinnützigkeit nach sich. Abgelehnt wurde z. B. der Hundesport (BFH, Urteil v. 13.12.1978, BStBl. 1979 II S. 495) oder Tischfußball („Tip-Kick"), selbst wenn dies in Wettkampfform ausgeübt wird (FG Berlin, Urteil v. 9.9.1985, EFG 1986 S. 419, Rev. eingelegt). Schach wird hingegen seit 1980 als Sport anerkannt (§ 52 Abs. 2 Nr. 2 AO). Damit werden jedoch andere „Denksportarten" nicht als Sport im steuerlichen Sinne betrachtet. Trotz intensiver Bemühungen werden z. B. auch Freizeitbetätigungen als Verein auf dem Gebiet des Flug- oder Schiffmodellbaus steuerlich nicht anerkannt. Möglich wäre daher aus jetziger Sicht allenfalls, daß ein regelrechter Flugsportverein nach der Gründung eine Modellbau-Abteilung mit in den Verein aufnimmt (§ 58 AO). Anerkannt sind auch grundsätzlich Motorsportvereine.

5.1 Voraussetzungen für die Gemeinnützigkeit

Zur Kernfrage, wann von Seiten des Finanzamtes die Anerkennung als gemeinnützig gewährt wird, sind vier Grundvoraussetzungen zu beachten:
- Förderung der Allgemeinheit (§ 52 AO),
- Selbstlosigkeit (§ 55 AO),
- Ausschließlichkeit (§ 56 AO) und
- Unmittelbarkeit (§ 57 AO).

Ausschließlichkeit

Dieser Grundsatz setzt voraus, daß die gesamte Tätigkeit des gemeinnützigen Vereins ausschließlich einem steuerbegünstigten Satzungszweck dienen muß. Erlaubt ist selbstverständlich die Verfolgung von Nebenzwecken, die mit der gemeinnützigen Tätigkeit eng zusammenhängen. Zu beachten ist jedoch, daß dann u. U. für diesen Bereich die mit der Gemeinnützigkeit verbundenen Steuervergünstigungen entfallen können. Eine Ausnahme hiervon wird im sog. Zweckbetrieb (nach §§ 65 ff. AO) gesehen, zu der u. U. auch gesellige Veranstaltungen eines Vereins zählen können; hier bleibt trotz der wirtschaftlichen Betätigung die Steuervergünstigung erhalten (s. hierzu Abschnitt 5.3).

Unmittelbarkeit

Der Grundsatz der Unmittelbarkeit verlangt, daß die steuerbegünstigten Zwecke durch die gemeinnützige Vereinigung selbst, also unmittelbar, verwirklich werden. Die Unmittelbarkeit wird dann noch gewahrt, wenn der Verein für seine Tätigkeit Hilfspersonen einschaltet, etwa wenn ein Sportverein den Sportbetrieb mit Hilfe von angestellten oder freiberuflichen Übungsleitern, Trainern etc. durchführt.

Förderung der Allgemeinheit

Förderung der Allgemeinheit bedeutet, daß der Kreis der durch die Betätigung des Vereins geförderten Personen nicht begrenzt ist. Hier wird jedoch anerkannt, daß es durchaus aus finanziellen, technischen oder anderen Gründen oft unmöglich ist, eine – wie gefordert – breite Förderung zu ermöglichen. Zu achten ist jedoch grundsätzlich darauf, daß der Kreis der Personen, dem die Förderung dienen soll, nicht nach räumlichen oder beruflichen Merkmalen so abgegrenzt ist, daß der Mitgliederkreis auf längere Sicht nur in kleinem Umfang bestehen kann. Zulässig ist aber z. B. der häufig anzutreffende Fall, daß z. B. ein Tennisverein eine Aufnahmebeschränkung bereits in der Satzung vorsieht, weil etwa die Mitgliederzahl durch eine geringe Anzahl von Tennis-Spielmöglichkeiten begrenzt ist.

Eine Begrenzung des geförderten Personenkreises über Mitgliedsbeiträge oder Aufnahmegebühren kann aber u.U. die Gemeinnützigkeit schon dem Grunde nach gefährden. Aus bisheriger Sicht sollten daher Mitgliedsbeiträge pro Jahr unter 1.000 DM je Mitglied sowie Aufnahmegebühren unter 1.500 DM je Mitglied liegen.

Selbstlosigkeit

Was die Förderung der Allgemeinheit in selbstloser Weise angeht, bestimmt § 55 AO, daß die Vermögensmassen der Körperschaft zeitnah für satzungsgemäße begünstigte Zwecke tatsächlich verwendet werden müssen. Gefordert wird daher, daß die Körperschaft nicht in erster Linie eigene wirtschaftliche Zwecke verfolgen darf. Wie ausdrücklich in den Satzungsmustern erwähnt, dürfen keine Personen durch zweckfremde Ausgaben oder unverhältnismäßig hohe Vergütungen begünstigt werden. Auch Vergütungen an haupt- oder nebenberufliche Mitarbeiter eines Vereins müssen daher angemessen sein und vergleichbaren Tätigkeiten entsprechen.

Ausnahmen gibt es z.B. für Sportvereine: Hier wird es zugelassen, daß an einzelne Spieler lohnsteuerpflichtige Vergütungen gewährt werden, wenn der Jahresdurchschnittsbetrag jedoch nicht mehr als 700 DM monatlich beträgt. Steuerschädlich wäre hingegen die Zahlung von Ablösesummen zwischen Amateursportvereinen. Möglich ist aber die Zahlung einer Ausbildungskostenerstattung eines gemeinnützigen Sportvereins an einen anderen Sportverein für die Ausbildung eines Sportlers. Bei einem Vereinswechsel können hier bis zu 5.000 DM an gezahlten Ausbildungskosten zwischen den Vereinen rückerstattet werden (FinMin Rheinland-Pfalz, Erlasse v. 15.11.1983, S 0174 A – 44).

5.2 Steuervorteile

Die Anerkennung als „gemeinnützig" bringt dem Verein nicht nur direkte Steuervergünstigungen und Steuerbefreiungen, sondern sie gibt ihm z.B. auch die Möglichkeit, unter Beachtung bestimmter Voraussetzungen Spenden selbst oder über eine sog. Durchlaufstelle entgegenzunehmen: ein wichtiges Mittel zur Finanzierung der umfangreichen Vereinstätigkeit. Werden die in den §§ 51 bis 58 der Abgabenordnung enthaltenen steuerlichen Einzelregelungen zur Gemeinnützigkeit beachtet, dann gibt es diese zahlreichen Steuerbegünstigungen sowohl für den **rechtsfähigen** als auch für den **nichtrechtsfähigen** Verein.

5.3 Zweckbetrieb/wirtschaftlicher Geschäftsbetrieb

Immer mehr ist bei der Vereinstätigkeit die Frage in den Vordergrund getreten, ob eine durchgeführte Veranstaltung noch als sog. **Zweckbetrieb** anzusehen ist oder ob es sich hier bereits um einen wirtschaftlichen (steuerschädlichen) Geschäftsbetrieb handelt. Die Fülle neuerer finanzgerichtlicher Entscheidungen zeigt, daß die Finanzverwaltung hier auch in Einzelfällen genau prüft, ob der Zweckbetrieb in einem Verein tatsächlich so eng mit den steuerbegünstigten Zwecken verbunden ist, daß es gerechtfertigt ist, die Steuervergünstigungen auch in Einzelfällen weiterhin zu gewähren. Der Zweckbetrieb muß daher tatsächlich und unmittelbar satzungsgemäße Zwecke des Vereins verwirklichen. Ein Zweckbetrieb kann also nicht vorliegen, wenn diese verfolgten Zwecke der wirtschaftlichen Betätigung außerhalb des Satzungszweckes liegen. Damit ist nicht ausgeschlossen, daß ein Zweckbetrieb als wirtschaftlicher Geschäftsbetrieb in Erscheinung treten kann. Dies darf jedoch nicht so weit gehen, daß der Verein etwa in Wettbewerb zu anderen Gewerbetreibenden tritt (Wettbewerbsklausel nach § 65 Nr. 3 AO).
Die Vorschrift des § 68 AO enthält zudem hier eine Aufzählung zulässiger Zweckbetriebe (z.B. Betrieb von Alten- und Pflegeheimen etc.), daneben aber auch die Durchführung kultureller Einrichtungen (Museen, Theater) und kulturelle Veranstaltungen (Konzerte, Kunstausstellungen etc.). Ein Zweckbetrieb können zudem gesellige Veranstaltungen eines Vereins sein, jedoch nur unter den nachfolgend aufgeführten Voraussetzungen.

5.3.1 Vereinsfeste und ihre Auswirkungen

Viele Vereine können ihren Aufwand z.T. nur noch dadurch finanzieren, daß sie neben Beitragseinnahmen und Spenden auch die eine oder andere Veranstaltung durchführen, um hierdurch zusätzliche **Einnahmen** erzielen zu können.

Wichtig ist hierbei, daß der Überschuß der Einnahmen über die Unkosten bei derartigen Veranstaltungen im Durchschnitt der letzten drei Jahre einschließlich des Veranlagungsjahres nicht mehr als insgesamt 12.000 DM beträgt und die Überschüsse tatsächlich auch nur für die steuerbegünstigten satzungsgemäßen Zwecke des Vereines verwendet werden. Es besteht jedoch hier die Möglichkeit, sofern der Überschuß 12.000 DM überschreitet, eine Rücklagenbildung vorzunehmen, die dann aber innerhalb von drei Jahren wieder aufgelöst werden muß. Gelingt dann allerdings keine zweckgebundene Verwendung der Rücklage, dann ist eine Nachversteuerung durchzuführen. Weitere Konsequenz bei der Überschreitung der Durchschnittsgrenze dürfte sein, daß kein (steuerbegünstigter) Zweckbetrieb, sondern ein steuerpflichtiger wirtschaftlicher Geschäftsbetrieb von Seiten des Finanzamtes angenommen wird.

Möglichkeiten: Stellt der Verein fest, daß diese festgesetzten Durchschnittswerte überschritten werden, sollte u.U. rechtzeitig daran gedacht werden, etwa Sportgeräte anzuschaffen oder Zahlungen an Übungsleiter bzw. Betreuer zu leisten. Möglich wäre hier z.B., daß die begünstigten Personen für ihre Vereinstätigkeit diese Beträge wiederum an den Verein spenden können. Optisch sollte jedoch darauf geachtet werden, daß man hier zwischen dem Zufluß und dem Rückfluß (durch die Spende) ggf. einen gewissen Zeitraum (etwa Jahresfrist) verstreichen läßt und im Hinblick auf den u.U. im Raum stehenden Vorwurf eines Gestaltungsmißbrauchs auch die Beträge der Höhe nach unterschiedlich ansetzt.

5.3.2 Sport und Zweckbetrieb

Als Zweckbetrieb, d.h. als ein nicht wirtschaftlicher Geschäftsbetrieb, gilt übrigens auch die Erteilung von Sportunterricht (Kurse, Lehrgänge für Mitglieder/Nichtmitglieder von Sportvereinen). Auch sog. Sportreisen sind unschädlich, wenn sie wesentlicher oder notwendiger Bestandteil etwa einer Reise zum Wettkampfort sind. Als Zweckbetrieb gilt z.B. auch die Veranstaltung von Volksläufen oder Trimmwettbewerben, wobei Einnahmen wie Eintrittsgelder, Unkostenbeiträge, Startgelder oder Meldegelder „steuerunschädlich" sind (Einzelheiten: KSt-Kartei der OFD Freiburg, Karlsruhe, Stuttgart Nr. 8h).
Seit **Jahresanfang 1986** gilt für Sportvereine eine steuerliche Erleichterung. Bisher waren Sportvereine nur dann gemeinnützig, wenn sie ausschließlich den Amateursport förderten.
Möglich ist es nunmehr, daß ein Verein zumindest einen Aufwendungsersatz erstatten darf. Werden darüber hinaus Zahlungen geleistet, riskiert der Verein die Aberkennung als gemeinnützige Körperschaft. Nach § 67 a AO liegen daher künftig sportliche steuerbegünstigte Veranstaltungen eines Sportvereins vor, wenn
– kein Sportler des Vereins teilnimmt, der für seine sportliche Betätigung oder die Benutzung seiner Person etc. zu Werbezwecken von dem Verein oder einem Dritten über eine Aufwandsentschädigung hinaus Vergütungen oder andere Vorteile erhält und
– kein anderer Sportler teilnimmt, der für die Teilnahme an einer Veranstaltung von dem Verein oder einem Dritten im Zusammenwirken mit dem Verein über eine Aufwandsentschädigung hinaus Vergütungen oder andere Vorteile erhält. Auch das gilt: Sportvereine, die ausschließlich den **Berufssport** fördern, sind grundsätzlich nicht gemeinnützig.

5.3.3 Rechtsprechung zum Zweckbetrieb

Empfehlung: Vereine sollten strikt auf eine klare **Abgrenzung** von **Veranstaltungen** achten, die als Zweckbetrieb, und solche, die als steuerpflichtiger wirtschaftlicher Geschäftsbetrieb zu behandeln sind. Bei der Frage, ob bei geselligen Veranstaltungen eines Vereins trotz wirtschaftlicher Betätigung noch die volle Steuervergünstigung erhalten bleibt, ist unbedingt die Tendenz in der Rechtsprechung zu beachten. So hat u.a. der Bundesfinanzhof in einer neueren Entscheidung v. 21.8.1985 (I R 3/82) entschieden: Erfolgt eine entgeltliche Bewirtung von Nichtmitgliedern (Vereinsfremden), kann dies zu einem steuerschädlichen wirtschaftlichen Geschäftsbetrieb führen. Im Urteilsfall wurde einem Trachtenverein, der Waldfeste veranstaltet hatte, nicht zugebilligt, daß diese entgeltliche Bewirtung der Festbesucher unter den Begriff der kulturellen oder geselligen Veranstaltung fällt. Steuerschädlich ist demnach der unbegrenzte Zutritt Vereinsfremder zu geselligen Veranstaltungen; diese müssen sich vielmehr in tatsächlicher Hinsicht auf die Pflege des Vereinslebens selbst beschränken. Noch gravierender ist ein Beschluß des FG Saarland v. 6.8.1986 (I 138/86, rechtskräftig): Bei einem gemeinnützigen Verein liegt ein wirtschaftlicher Geschäftsbetrieb bereits dann vor, wenn dieser ein einmaliges Jubiläumsfest durchführt, sofern es in der Vergangenheit bereits mehrfach zu Festveranstaltungen aus anderen Anlässen gekommen ist.
Ein wirtschaftlicher Geschäftsbetrieb liegt u.a. auch dann vor, wenn ein gemeinnütziger Verein während eines mehrtägigen Hallenfestes einen Restaurationsbetrieb aufzieht (BFH, Urteil v. 21.8.1985, I R 193/84, BStBl II 1986 S. 92).

5.3.4 Gewinnermittlung beim wirtschaftlichen Geschäftsbetrieb

Häufig betreiben Vereine eine eigene Gaststätte oder ein Clubheim mit Restaurationsbetrieb. Selbst wenn dieser Betrieb ggf. nur zu bestimmten Öffnungszeiten durch ehrenamtliche Vereinsmitglieder geleitet wird: es liegt hier ein wirtschaftlicher Geschäftsbetrieb vor, der somit nicht als steuerbegünstigter Zweckbetrieb angesehen wird. **Folge:** Der Verein wird körperschaftsteuerpflichtig; Einnahmen und Ausgaben sind daher getrennt von sonstigen steuerbegünstigten Vorgängen festzuhalten. Eine „Verrechnung" von Ausgaben, die mit dem steuerbegünstigten Zweckbetrieb zusammenhängen, ist nicht zulässig.

Vorgehensweise:

Der Gewinn aus steuerpflichtigem wirtschaftlichen Geschäftsbetrieb wird entweder durch Einnahme-Überschußrechnung oder Vermögensvergleich (Bilanzierung) ermittelt.
Zwar ist vorgeschrieben, daß bei mehreren wirtschaftlichen Geschäftsbetrieben eines Vereins die Gewinnermittlung für jeden einzelnen Betrieb getrennt durchgeführt werden muß. Jedoch zählt beim Verein das Gesamtergebnis der Geschäftsbetriebe für die anschließende Besteuerung.
Für die Vielzahl der sog. **Kleinvereine** wird der Gewinn durch Einnahme-Überschußrechnung ermittelt. Hier gilt der Grundsatz, daß die im jeweiligen Kalenderjahr zugeflossenen Betriebseinnahmen (z.B. Erlöse aus dem Verkauf von Speisen und Getränken in der Vereinsgaststätte etc.) die den im gleichen Zeitraum geleisteten Betriebsausgaben gegenübergestellt werden müssen. Wie schon ausgeführt, ist ein Überschuß nur dann körperschaftsteuerpflichtig, soweit einzelne Veranstaltungen im Durchschnitt der letzten drei Jahre nicht mehr als 12.000 DM Überschuß erbracht haben. Dennoch wird bei einer Überschreitung der Freigrenze nicht gleich der gesamte Überschuß körperschaftsteuerpflichtig (mit 50%!). Handelt es sich um eine sog. **kleinere Körperschaft,** mindert sich der steuerpflichtige Gewinn aus dem Geschäftsbetrieb um einen weiteren Freibetrag in Höhe von 5.000 DM. Übersteigt der Gewinn den Betrag von 10.000 DM, wird der Freibetrag von 5.000 DM jeweils um die Hälfte des Betrages gekürzt, um den der Gewinn 10.000 DM übersteigt. Der Freibetrag läuft daher bei einem Jahresgewinn von 20.000 DM aus. Das unter Berücksichtigung der Freibetragsregelung verbleibende zu versteuernde Jahreseinkommen unterliegt dann einer Körperschaftsteuerpflicht in Höhe von 50% (§ 24 KStG, Abschn. 74 KStR).

Muster der Einnahme/Überschußrechnung eines Sportvereins:

A. Ideeller Tätigkeitsbereich
Beitragseinnahmen _____ DM
Spenden, staatliche Zuschüsse u.ä. _____ DM

Steuerfreie Einnahmen _____ DM

B. Vermögensverwaltung
Einnahmen
Zinsen etc. _____ DM
Miet- und Pachteinnahmen, sonstige Erlöse _____ DM _____ DM
Ausgaben _____ DM
Reinertrag _____ DM

C. Zweckbetriebe
1. Sportliche Veranstaltungen
Einnahmen ___ DM
Ausgaben (z.B. für Schiedsrichter u. Linienrichter, Kassen-, Ordnungs- und Sanitätsdienst, Werbeaufwand, Verbandsabgaben, Reisekosten, Kosten für Trainer, Masseure, für Anschaffung u. Instandhaltung v. Sportmaterialien, Umsatzsteuer u.ä.) ___ DM
Überschuß/Verlust ___ DM

2. Kulturelle Einrichtungen, gesellige und kulturelle Veranstaltungen
Einnahmen ___ DM
Ausgaben
Saalmiete ___ DM
Künstler ___ DM
Musik ___ DM
Sonstiges ___ DM ___ DM

a) Überschuß/Verlust im laufenden Jahr ___ DM
b) in den beiden Vorjahren (Zweijahressumme) ___ DM
c) Dreijahressumme der Überschüsse/Verluste ___ DM
Der **durchschnittliche** Jahresüberschuß beträgt ___ DM

3. Genehmigte Lotterien
Einnahmen (z.B. aus Losverkauf) ___ DM
Ausgaben (z.B. für Preise, Umsatzsteuer u.ä.) ___ DM
Überschuß/Verlust ___ DM

4. Kurzfristige Sportstättenvermietung an Mitglieder
Einnahmen ___ DM
Ausgaben ___ DM
Überschuß/Verlust ___ DM

D. Wirtschaftliche Geschäftsbetriebe
1. Selbstbewirtschaftete Vereinsgaststätte:

Einnahmen		_____ DM
Ausgaben		
Waren	_____ DM	
Gehälter	_____ DM	
Heizung/Beleuchtung	_____ DM	
Betriebssteuern	_____ DM	
Reinigungsaufwand	_____ DM	
Telefon/Porto	_____ DM	
Büromaterial	_____ DM	
Miete/Pacht	_____ DM	
Schuldzinsen	_____ DM	
Reparaturen	_____ DM	
Absetzung für Abnutzung (AfA)	_____ DM	
Geringwertige Anlagegüter	_____ DM	
sonstige Kosten	_____ DM	_____ DM
Überschuß		_____ DM

2. Sportliche Veranstaltungen, mit **bezahlten** Sportlern:

Einnahmen _____ DM

Ausgaben (für Sportler, Schiedsrichter u. Linienrichter, Kassen-, Ordnungs- u. Sanitätsdienst, Werbeaufwand, Reisekosten, Kosten für Trainer und Masseure, für Beschaffung u. Instandhaltung v. Sportmaterialien, Umsatzsteuer u.ä.) _____ DM

Überschuß/Verlust _____ DM

3. Sonstige wirtschaftliche Betätigungen (z.B. Banden- und Trikotwerbung, kurzfristige Sportstättenvermietung an Nichtmitglieder)

Einnahmen _____ DM

Ausgaben (ggf. verrechenbare Veranstaltungskosten in Höhe von 25% der Netto-Entgelte aus Banden- und Trikotwerbung) _____ DM

Überschuß/Verlust _____ DM

Gesamtüberschuß (Verlust) sämtlicher steuerpflichtiger, wirtschaftlicher Geschäftsbetriebe
Summe D 1 – D 3 _____ DM

Ein Wort zur **Buchführung:**
Unabhängig, ob der Verein im ideellen Bereich tätig wird oder daneben einen wirtschaftlichen Geschäftsbetrieb entfaltet, gilt folgendes: Es besteht grundsätzlich die Pflicht, ordnungsgemäße Aufzeichnungen über Einnahmen und Ausgaben zu führen (§ 63 Abs. 3 AO). Daneben müssen wie bei jedem anderen Steuerzahler mit bestimmten Einkommensarten auch die Einnahmen und Ausgaben in einer **Buchführung** aufgezeichnet werden. Vereine haben zu beachten, daß bei Überschreitung der Buchführungsgrenze nach § 141 AO eine Bilanzierungspflicht eintritt. Nicht verwehrt ist es selbstverständlich einem Verein, freiwillig das Jahresergebnis und das Vermögen durch eine Bilanzerstellung zu ermitteln. Eine **Bilanz** mit Gewinn- und Verlustrechnung muß aufgestellt werden, wenn der Gewinn des Betriebes 36.000 DM, das Betriebsvermögen 125.000 DM oder der Umsatz 500.000 DM übersteigt und der Verein vom Finanzamt zur Bilanzierung aufgefordert wird.
Wird der Verein unternehmerisch tätig (etwa durch den Betrieb der Vereinsgaststätte), ist er zudem verpflichtet, zur Feststellung der Umsatzsteuer und der Grundlage ihrer Berechnung Aufzeichnungen nach § 22 UStG zu erstellen.

6 Hinweise zur Erlangung der Gemeinnützigkeit

Wie aus den vorstehenden Ausführungen ersichtlich, ist Grundvoraussetzung für die Inanspruchnahme der Steuervergünstigungen die Erlangung der **Anerkennung als gemeinnütziger Verein** durch das Finanzamt. Eine sog. vorläufige Bescheinigung über die Gemeinnützigkeit, damit verbunden auch das Recht zum Spendenempfang etc., wird je nach Bearbeitungszeit erst einige Monate später erteilt. Es empfiehlt sich, beim Finanzamt direkt nach der Registereintragung eine derartige Bescheinigung nach § 5 Abs. 1 Nr. 9 KStG anzufordern, ggf. unter Beifügung einer Kopie der Satzung, des Gründungsprotokolls sowie der Eintragungsbekanntmachung. Wird die vorläufige Bescheinigung erteilt, sollte diese unverzüglich auch dem Registergericht wieder vorgelegt werden, um auch die Kostenbefreiung für die anfallenden Eintragungsgebühren zumindest vorläufig zu erreichen.

6.1 Mustersatzung des Finanzamtes und ihre Bedeutung

Mehrfach wurde darauf hingewiesen, daß das Finanzamt insbesondere bei neu gegründeten Vereinen auf die Einhaltung der steuerlichen Mindest-Satzungsinhalte nach der Abgabenordnung achtet. Die Inhalte gelten ebenfalls für **nicht eingetragene** Vereine.

Mustersatzung für einen eingetragenen Verein

(enthält nur die wichtigsten Bestimmungen aus **steuerlicher** *Sicht – ohne Berücksichtigung der vereinsrechtlichen Vorschriften des BGB)*

§ 1 Der _____ (e. V.)
mit Sitz in _____
verfolgt ausschließlich und unmittelbar – gemeinnützige – mildtätige – kirchliche – Zwecke (nicht verfolgte Zwecke streichen) im Sinne des Abschnitts „Steuerbegünstigte Zwecke" der Abgabenordnung.
Zweck des Vereins ist _____
(z. B. die Förderung von Wissenschaft und Forschung, Bildung und Erziehung, Kunst und Kultur, des Umwelt-, Landschafts- und Denkmalschutzes, der Jugend- und Altenhilfe, des öffentlichen Gesundheitswesens, des Sports, die Unterstützung hilfsbedürftiger Personen).
Der Satzungszweck wird verwirklicht insbesondere durch _____
(z. B. Durchführung wissenschaftlicher Veranstaltungen und Forschungsvorhaben, Vergabe von Forschungsaufträgen, Unterhaltung einer

Schule, einer Erziehungsberatungsstelle, Pflege von Kunstsammlungen, Pflege des Liedgutes und des Chorgesanges, Errichtung von Naturschutzgebieten, Unterhaltung eines Kindergartens, Kinder-, Jugendheimes, Unterhaltung eines Altenheimes, eines Erholungsheimes, Bekämpfung des Drogenmißbrauchs, des Lärms, Errichtung von Sportanlagen, Förderung sportlicher Übungen und Leistungen).

§ 2 Der Verein ist selbstlos tätig; er verfolgt nicht in erster Linie eigenwirtschaftliche Zwecke.

§ 3 Mittel des Vereins dürfen nur für die satzungsmäßigen Zwecke verwendet werden. Die Mitglieder erhalten keine Zuwendungen aus Mitteln des Vereins.

§ 4 Es darf keine Person durch Ausgaben, die dem Zweck der Körperschaft fremd sind, oder durch unverhältnismäßig hohe Vergütungen begünstigt werden.

§ 5 Bei Auflösung des Vereins oder bei Wegfall seines bisherigen Zweckes fällt das Vermögen des Vereins
a) an – den – die – das _____
(Bezeichnung einer Körperschaft des öffentlichen Rechts oder einer anderen steuerbegünstigten Körperschaft),
– der – die – das – es unmittelbar und ausschließlich für gemeinnützige, mildtätige oder kirchliche Zwecke zu verwenden hat,
oder
b) an eine Körperschaft des öffentlichen Rechts oder eine andere steuerbegünstigte Körperschaft zwecks Verwendung für _____
(Angabe eines **bestimmten** gemeinnützigen, mildtätigen oder kirchlichen Zwecks, z.B. Förderung von Wissenschaft und Forschung, Bildung und Erziehung, der Unterstützung von Personen, die im Sinne von § 53 AO 1977 wegen _____
bedürftig sind, Unterhaltung des Gotteshauses in _____).

Alternative zu § 5:
Kann aus zwingenden Gründen der künftige Verwendungszweck jetzt noch nicht angegeben werden (§ 61 Abs. 2 AO 1977), so kommt folgende Bestimmung über die Vermögensbildung in Betracht:
„Bei Auflösung des Vereins ist das Vermögen zu steuerbegünstigten Zwecken zu verwenden.
Beschlüsse über die künftige Verwendung des Vermögens dürfen erst nach Einwilligung des Finanzamts ausgeführt werden."

Nach Prüfung der Satzung erteilt das Finanzamt zunächst einen vorläufigen Freistellungsbescheid über die Gemeinnützigkeit, der jeweils für 1½ Jahre gilt.

6.2 Beanstandungen durch das Finanzamt

Vielfach wird übersehen, daß ein vorläufiger Steuer-Freistellungsbescheid keine Bindungswirkung für Folgejahre entfalten kann (so bereits BFH, Urteil v. 13.12.1978, BStBl. 1979 II S. 481). In der Praxis läßt sich hier feststellen, daß die Finanzämter häufig auch schon bei länger bestehenden Vereinen zu einem späteren Zeitpunkt beanstanden, daß bei Würdigung der bisher vorliegenden Satzung oder Überprüfung der Vereinstätigkeit in bezug auf den Satzungszweck die Anerkennung der Gemeinnützigkeit angezweifelt wird bzw. eine endgültige Anerkennung als „gemeinnützig" versagt wird. Dies gilt z.B. auch für sog. Dachverbände als bereits eingetragene Vereine. U.U. ergibt sich hier aus der Satzung nicht einwandfrei, daß der als gemeinnützig anzusehende Dachverband nach dem Satzungszweck selbst unmittelbar gemeinnützige Zwecke verfolgt, d.h. daß davon auszugehen ist, daß der Dachverband mittelbar der Koordinierung und Unterstützung angeschlossener Mitgliedsvereine dient. Hier wird – kurz gefaßt – verlangt, daß auch die weiteren Vereine, die etwa dem Dachverband untergeordnet sind, ihrerseits alle Voraussetzungen für die Steuervergünstigungen im Sinne des Gemeinnützigkeitsrechtes erfüllen. Anzutreffen ist auch der Fall, daß das Finanzamt die Anpassung älterer Satzungen an die Mindestinhalte der steuerlichen Mustersatzung verlangt. Ergibt sich aus den älteren Satzungen keine mehr oder weniger direkte Anlehnung an die steuerliche Mustersatzung, so hat der Verein die Satzungsänderung hinsichtlich der beanstandeten Klauseln herbeizuführen (Muster hierzu in Abschnitt 3.7.4). Nach durchgeführter Satzungsänderung und Anmeldung der Änderung beim Vereinsregister sollte die geänderte Satzung zusammen mit einer Abschrift des Versammlungsprotokolls dem **Finanzamt** vorgelegt werden.

7 Zur Spendenpraxis beim Verein

Wichtiger Nebeneffekt der Anerkennung als gemeinnütziger Verein (gleichgültig ob eingetragener oder nicht eingetragener Verein) ist die damit verbundene Befugnis, vom Spendengeber für diesen steuerlich absetzbare Spenden entgegenzunehmen. Spenden sind freiwillige und unentgeltliche Geld- oder Sachzuwendungen.

Vorteil für den Verein: Spenden müssen – wie Mitgliedsbeiträge – nicht versteuert werden.

Vorteil für den Steuerpflichtigen: Der Spendengeber kann die getätigten Leistungen als Sonderausgaben bei der Einkommensteuer bzw. Lohnsteuer oder – falls es sich bei dem Spendengeber um eine Kapitalgesellschaft handelt – bei der Körperschaftsteuer anrechnen lassen.

7.1 Voraussetzungen

Vielfach wird übersehen, daß die steuerliche Anerkennung als gemeinnützig beim Verein noch nicht genügt, um Spenden **direkt** entgegenzunehmen. Wer z.B. einem Sportverein oder Musikverein direkt einen Geldbetrag überläßt, wird hier spätestens bei der Abgabe seiner Jahressteuererklärung erleben müssen, daß diese wohlgemeinte und zweckgerichtete Leistung nicht als steuerlich absetzbare Spende anerkannt werden kann. **Denn:** Zur direkten Entgegennahme von Geldspenden gelten im Steuerrecht nur bestimmte Vereine als berechtigt, die besonders förderungswürdige anerkannte und gemeinnützige Zwecke verfolgen (§ 10b EStG). In Abschnitt 111 Abs. 1 EStR ist festgeschrieben, wann genau gemeinnützige Zwecke vorliegen, die als besonders förderungswürdig anerkannt sind. Damit ist jedoch noch nicht gesagt, daß diese Institutionen selbst direkt berechtigt sind, dem Spendengeber eine steuerlich berücksichtigungsfähige Spendenbescheinigung zu erteilen. In Anlage 7 zu Abschn. 11 EStR werden die besonders förderungswürdigen Zwecke abschließend genannt. Bei der Verfolgung bestimmter Zwecke (z.B. Förderung der Gesundheitspflege) wird eine direkte Spende gegen Quittung steuerlich anerkannt. Bei anderen dort aufgeführten förderungswürdigen Zwecken muß der Empfänger eine **Körperschaft** des öffentlichen Rechts oder eine **öffentliche Dienststelle** sein. Daneben gibt es aber noch ca. 50 eingetragene Vereine (Abschn. 111 Abs. 2 EStR), die direkt eine Spendenbescheinigung erteilen können; gleichzeitig ist es steuerrechtlich auch zulässig, daß die Mitgliedsbeiträge für diese Vereine (z.B. Deutscher Sportbund) als Spende anerkannt werden. Ist eine Institution berechtigt direkt Spenden entgegenzunehmen, genügt es für den Spendengeber, wenn er gegenüber dem Finanzamt bei Spenden bis zu 100 DM nur den Einzahlungsbeleg mit dem Aufdruck des Verwendungszweckes vorlegt – eine besondere Spendenbescheinigung erübrigt sich hier aus Vereinfachungsgründen (Abschnitt 111 Abs. 5 EStR).

Für die Vielzahl anderer Vereine, sei es Sportverein, Kulturverein, Heimatverein etc., besteht grundsätzlich nicht die Berechtigung, direkt Spenden entgegenzunehmen bzw. Steuerquittungen hierüber zu erteilen. Hier muß die Spende des Vereinsförderers an eine juristische Person des öffentlichen Rechts oder eine öffentliche Dienststelle grundsätzlich als sog. Durchlaufstelle gezahlt werden. Diese Durchlaufstellen (meist die Gemeinde oder Stadtverwaltung) leiten dann die Spende an den Verein direkt weiter; es sind die Verwaltungen, die dann dem Spendengeber direkt eine Spendenbescheinigung erteilen. (Einzelheiten über diese sog. Durchlaufspenden sind in dem BMF-Schreiben v. 3.1.1986, BStBl. 1986 I S. 52 geregelt.)

Hinweis: Mitgliedsbeiträge, Aufnahmegebühren, Umlagen o. ä., auf die der Verein bereits laut Satzung oder Beitragsordnung einen Anspruch hat, sind steuerlich für den Leistenden (etwa das Mitglied bei diesen Vereinen) nicht abziehbar.

Zudem: Die sog. Durchlaufspende beschränkt sich nach bisheriger Auffassung der Finanzverwaltung nur auf **Geldspenden.** Nicht begünstigt ist auch – zumindest aus jetziger steuerlicher Sicht – der Verzicht auf einen Aufwendungsersatz von Vereinsmitgliedern. Häufig kommt es vor, daß Mitglieder z. B. ihren Pkw für Fahrten zu Transportzwecken unentgeltlich zur Verfügung stellen. Auch bei dieser indirekten Unterstützung durch den Verzicht auf die Erstattung von Benzin- und Pkw-Kosten handelt es sich dem Grunde nach um Sachspenden, die nach dem o. a. BMF-Schreiben den Geldspenden nicht gleichgestellt sind, d. h., bereits die sog. Durchlaufstelle darf darüber keine Spendenbescheinigung erteilen. Der Bundesfinanzhof hat hier zwar durch Urteil v. 24.9.1985 (IX R 8/81) entschieden, daß der Verzicht auf einen Aufwendungsersatz, selbst wenn ein Rechtsanspruch hierauf nicht besteht, als sog. Sachspende anzuerkennen ist. Dies gilt jedoch zunächst nur wiederum für Sachspenden an die eingangs erwähnten gemeinnützigen Vereine, die besonders förderungswürdig anerkannte gemeinnützige Zwecke verfolgen und zum unmittelbaren Empfang steuerbegünstigter Spenden berechtigt sind. Die Finanzverwaltung lehnt jedoch auch für diese Fälle eine Anwendung dieses „Sachspenden-Urteils" ab, so der „Nichtanwendungserlaß" des Fin Min NRW v. 27.8.1986 (S 2223 – 1008 – V 82).

Spenden können nicht unbegrenzt gewährt werden. Der Spendenabzug ist beim Spendengeber begrenzt auf 5% des Gesamtbetrags der Einkünfte bzw. bei körperschaftsteuerpflichtigen Unternehmen auf 5% des

Einkommens im jeweiligen Kalenderjahr oder auf wahlweise 2‰ der Summe der gesamten Umsätze zuzüglich der aufgewendeten Löhne und Gehälter. Bei Spenden für wissenschaftliche und besonders förderungswürdige kulturelle Zwecke erhöht sich der Spendenabzugssatz von 5% auf 10% des Gesamtbetrags der Einkünfte bzw. des Einkommens.

Fazit: Für die Vielzahl der tätigen Vereine bleibt als einzige Möglichkeit nur die Geldspende über die Durchlaufstelle.

7.2 Tabellarische Übersicht zum Spendenabzug

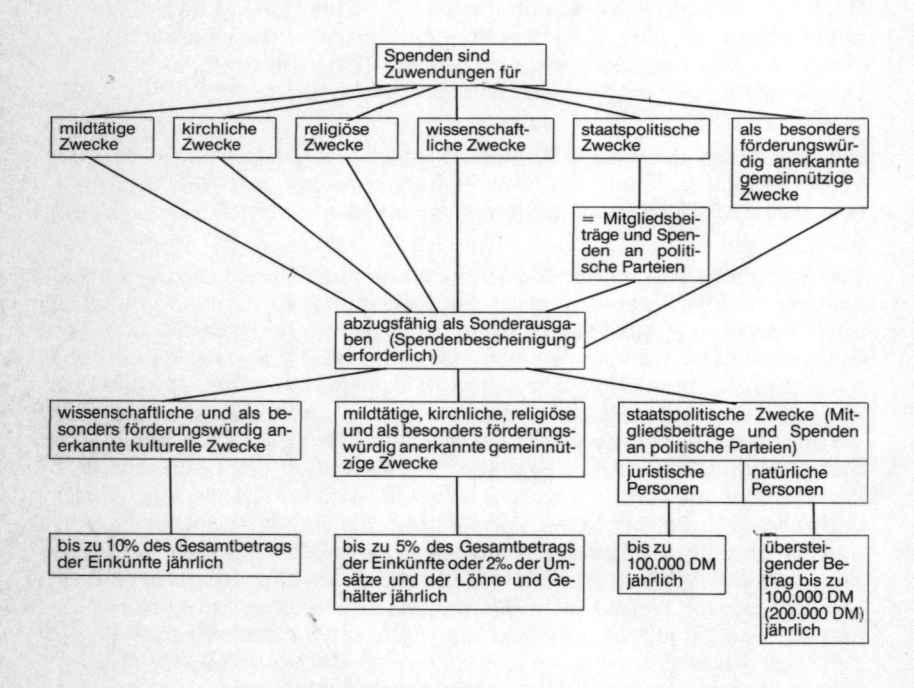

```
                        Spenden sind
                        Zuwendungen für
   ┌────────────┬───────────┬──────────┬──────────────┬────────────────┬──────────────────┐
   mildtätige   kirchliche  religiöse  wissenschaft-  staatspolitische  als besonders
   Zwecke       Zwecke      Zwecke     liche Zwecke   Zwecke            förderungswür-
                                                                        dig anerkannte
                                                                        gemeinnützige
                                                                        Zwecke
                                                       = Mitgliedsbei-
                                                       träge und Spen-
                                                       den an politi-
                                                       sche Parteien

                      abzugsfähig als Sonderausga-
                      ben (Spendenbescheinigung
                      erforderlich)

   wissenschaftliche und als be-   mildtätige, kirchliche, religiöse   staatspolitische Zwecke (Mit-
   sonders förderungswürdig an-    und als besonders förderungs-       gliedsbeiträge und Spenden
   erkannte kulturelle Zwecke      würdig anerkannte gemeinnüt-        an politische Parteien)
                                   zige Zwecke                         ┌──────────┬──────────┐
                                                                       juristische natürliche
                                                                       Personen    Personen

   bis zu 10% des Gesamtbetrags    bis zu 5% des Gesamtbetrags    bis zu           übersteigen-
   der Einkünfte jährlich          der Einkünfte oder 2‰ der Um-  100.000 DM       der Be-
                                   sätze und der Löhne und Ge-    jährlich         trag bis zu
                                   hälter jährlich                                 100.000 DM
                                                                                   (200.000 DM)
                                                                                   jährlich
```

8 Überblick über die wichtigsten Steuerarten

> Körperschaftsteuer

Jeder rechtsfähige Verein, darüber hinaus aber auch der nichtrechtsfähige Verein (nicht eingetragene) ist im Inland grundsätzlich körperschaftsteuerpflichtig (dies ist die Einkommensteuer der Körperschaften). Die Körperschaftsteuer wird hierbei nach Ablauf des Kalenderjahres verlangt. Wie bereits eingangs darauf hingewiesen, sind Vereine nach § 5 Abs. 1 Nr. 9 KStG von der Körperschaftsteuer **befreit**, sofern sie nach **Satzung** und **tatsächlicher Geschäftsführung** ausschließlich und unmittelbar gemeinnützigen Zwecken dienen. Die Steuerbefreiung entfällt jedoch insoweit, als der Verein einen steuerpflichtigen wirtschaftlichen Geschäftsbetrieb unterhält. Entfällt das Privileg der Gemeinnützigkeit, sind alle Einnahmen des Vereins körperschaftsteuerpflichtig. Ansonsten werden Überschüsse der Vereine, ggf. nach Berücksichtigung etwaiger Freibeträge, mit einem Steuersatz von 50% besteuert.
Die Befreiung gilt sowohl für alle Beitragseinnahmen, Zuschüsse von Bund, Land etc., Spenden, Schenkungen, Erbschaften, zudem für Erträge aus der Vermögensverwaltung des Vereins.
Gundsätzlich sind im Hinblick auf die oft schwierige Abgrenzung vier steuerliche Bereiche des gemeinnützigen Vereins festzustellen:

- **Ideeller Bereich,**
- **Vermögensverwaltung,**
- **Zweckbetrieb,**
- **Wirtschaftlicher Geschäftsbetrieb.**

Wie bereits ausgeführt, gilt die Steuerbefreiung bei festgestellter Gemeinnützigkeit **nicht** für **wirtschaftliche Geschäftsbetriebe**. Vereine sollten darauf achten, wann genau noch ein sog. steuerbegünstigter Zweckbetrieb vorliegt. Die verschärftere BFH-Rechtsprechung, auf die unter Abschn. 5.3.3 bereits hingewiesen wurde, dürfte als deutliches Signal dafür anzusehen sein, daß zumindest die Finanzverwaltung genau prüft, ob der Verein bei der großen Vielzahl von Festivitäten und Veranstaltungen sich tatsächlich nur für seine Mitglieder engagiert oder vorrangig über Veranstaltungen Möglichkeiten zur Finanzierung und Abdeckung seiner erheblichen Aufwendungen sucht. Zu beachten ist, daß seit **1986** als **steuerbegünstigte Zweckbetriebe** gelten:

- Kulturelle Einrichtungen und kulturelle Veranstaltungen,
- Sportliche Veranstaltungen eines Sportvereins, wenn keine Fußballveranstaltungen unter Einsatz von Lizenzspielern nach dem Bundesliga-

statut des Deutschen Fußballbundes durchgeführt werden bzw. keine „bezahlten" Sportler teilnehmen, d.h. diesen keine höhere Aufwandsentschädigung als 700 DM im Monatsdurchschnitt gewährt wird.
Für kulturelle Einrichtungen und kulturelle und gesellige Veranstaltungen als Zweckbetrieb gilt der Grenzwert bei Überschüssen des Vereins in Höhe von **12.000 DM**, ausgehend vom Durchschnitt der letzten drei Jahre einschließlich des Veranlagungsjahres. Die Überschußgrenze für sportliche Veranstaltungen eines Sportvereins besteht seit 1986 nicht mehr. Wegen der Möglichkeit der Rücklagenbildung zur Vermeidung der Besteuerung vgl. auch Abschn. 5.3.4.
Nicht unproblematisch ist hierbei auch die klare **Zuordnung** von **Einnahmen** und **Ausgaben,** besonders wenn sie z.T. den ideellen Bereich betreffen, der regelmäßig, etwa bei einem Musikfest eines Gesangvereins, tangiert wird. Oft reagiert hier das Finanzamt mit Schätzungen, wenn die Zweckveranstaltung nicht mehr vom wirtschaftlichen Betrieb getrennt werden kann. Dies ist eine lohnende Aufgabe für den Vereinskassierer, hier durch konsequente Aufgliederung den steuerschädlichen Aufwand zu trennen. In Zweifelsfällen lohnt sich hierzu eine Rücksprache bei Verbänden oder anderen Vereinen über Vergleichswerte.

Grunderwerbsteuer

Seit dem 1.1.1983 ist eine Befreiung für gemeinnützige und mildtätige Vereine von der Grunderwerbsteuer entfallen. Grundstückserwerbe sind daher steuerpflichtig (2% der Bemessungsgrundlage).

Gesellschaftsteuer

Nach § 7 Abs. 1 KVStG sind gemeinnützige Vereine von der Gesellschaftsteuer befreit.

Lotteriesteuer

Die bei Vereinen übliche „Tombola" ist für Einnahmen steuerfrei, wenn der Gesamtpreis der Lose 1.200 DM nicht übersteigt und keine Bargeldpreise winken. Ansonsten darf bei **genehmigten** Lotterien der Gesamtpreis der Lose 75.000 DM nicht übersteigen.

Grundsteuer

Der Grundbesitz gemeinnütziger Vereine ist hiervon befreit, soweit dieser für steuerbegünstigte Zwecke genutzt wird. Ausgenommen hiervon sind somit Grundstücke, die für den wirtschaftlichen Geschäftsbetrieb eingesetzt werden. Grundsteuerpflicht besteht z.B. auch, wenn Grundstücke an (nicht begünstigte) Dritte oder etwa zu Wohnzwecken/zur Ausübung der Land- und Forstwirtschaft überlassen werden.

Vermögensteuer

Gemeinnützige Vereine sind nach § 3 Nr. 12 VStG von der Vermögensteuer befreit. Auch hier kann die Steuerbefreiung ausgeschlossen werden, soweit ein wirtschaftlicher Geschäftsbetrieb unterhalten wird.
Liegt ein wirtschaftlicher Geschäftsbetrieb vor, so wird dieser mit dem Einheitswert des Betriebsvermögens (das diesem Betrieb dient) der Vermögensbesteuerung unterworfen. Vermögensteuer wird nur erhoben, wenn das gesamte Vermögen die Besteuerungsgrenze von 20.000 DM übersteigt. Die Vermögensteuer beträgt 0,6% des steuerpflichtigen Vermögens; sie wird grundsätzlich jeweils für drei Jahre festgesetzt.

Gewerbesteuer

Auch für die Gewerbesteuer kann eine Befreiung erlangt werden, wenn die Voraussetzung der §§ 51 bis 68 AO erfüllt werden (§ 3 Nr. 6 GewStG). Wie bei der Körperschaftsteuer gilt hier die Einschränkung, daß der Verein insoweit gewerbesteuerpflichtig ist, als er einen wirtschaftlichen Geschäftsbetrieb (ausgenommen Land- und Forstwirtschaft) unterhält. Die Gewerbesteuerbefreiung setzt daher in jedem Fall zunächst eine Körperschaftsteuerbefreiung voraus.
Bei gemeinnützigen Vereinen gilt für die Gewerbesteuerpflicht bei wirtschaftlichen Geschäftsbetrieben: Besteuerungsgrundlage sind der **Gewerbeertrag** und das **Gewerbekapital**. Der Gewerbeertrag errechnet sich aus dem Gewinn des wirtschaftlichen Geschäftsbetriebs sowie bestimmten Hinzurechnungen (z.B. Zinsen für Dauerschulden etc.). Für Vereine wird ein Steuermeßbetrag nach dem Gewerbeertrag nicht festgesetzt, soweit er unter der Freigrenze von 5.000 DM liegt. Das Gewerbekapital errechnet sich aus dem Einheitswert des Betriebsvermögens sowie bestimmten Hinzurechnungen und Kürzungen. Grundsätzlich wird das Gewerbekapital zunächst um einen Freibetrag von 120.000 DM gekürzt. Ein zusätzlicher Freibetrag in Höhe von 50.000 DM gilt für hinzurechnungspflichtige Dauerschulden. Aus der Addition des Meßbetrages vom Gewerbeertrag (5%) und des Meßbetrages vom Gewerbekapital (2‰) ergibt sich der einheitliche Meßbetrag. Die Gemeinde erteilt dann einen Gewerbesteuerbescheid, wobei sich die tatsächliche Steuerschuld dann aus der Multiplikation des vom Finanzamt festgestellten einheitlichen Meßbetrages mit dem jeweils gemeindlichen (verschiedenen) Gewerbesteuererhebesatz ergibt.

Umsatzsteuer

Hier ist darauf zu achten, daß es anders als bei der Körperschaftsteuer, Gewerbesteuer und Vermögensteuer eine allgemeine Steuerbefreiung der steuerbegünstigten Körperschaften für die Umsatzsteuer **nicht** gibt. Allerdings: Für Umsätze im steuerbegünstigten Bereich gibt es den ermäßigten Steuersatz von **7%**.
Umsätze aus wirtschaftlichen Geschäftsbetrieben sind jedoch, wenn keine Befreiungsvorschrift oder eine Steuerermäßigung aus anderen Gründen in Betracht kommt, mit **14%** zu besteuern.

Wird somit ein **gemeinnütziger Verein** in **Teilbereichen** unternehmerisch tätig, gilt folgendes:
Erfaßt werden alle unternehmerischen Lieferungen oder Leistungen des Vereins, für die der Verein eine besondere Gegenleistung erhält. Hierunter fallen z.B. alle geselligen, sportlichen und kulturellen Veranstaltungen gegen Eintritt, die Vermietung von Geräten, vor allem aber alle Einnahmen aus typisch wirtschaftlichen Geschäftsbetrieben, durch die der Verein in Konkurrenz zu anderen gewerblichen Unternehmen tritt (z.B. Betrieb von Gaststätten, Zeitschriften).
Umsatzsteuerpflichtige Lieferungen liegen insbesondere vor, wenn Gegenstände aus dem unternehmerischen Bereich des Vereins an Mitglieder oder Dritte abgegeben werden, etwa
– der Verkauf von Speisen und Getränken an Besucher von Sportveranstaltungen oder in vereinseigenen Gaststätten,
– Verkauf von Sportgeräten, Materialien o.ä.

Auch **sonstige Leistungen** sind beim Verein **umsatzsteuerpflichtig**, z.B. die Abhaltung sportlicher und geselliger Veranstaltungen gegen Eintritt (hier gilt für den Sportbereich: Bei Wettspielen auf eigenem Platz ist der Platzverein hinsichtlich der Eintrittsgelder umsatzsteuerpflichtig, bei Wettkämpfen auf fremdem Platz der Verein, der mit der Durchführung beauftragt ist), Überlassung von Reklameflächen an Gebäuden, Inseratgeschäfte in Vereinsdrucksachen oder Überlassung von Einrichtungen des Vereins zur Benutzung durch Dritte gegen Entgelt.
Einnahmen aus dem **ideellen Bereich,** d.h. Entgelte, die der Verein für die Erfüllung seines satzungsgemäßen Zwecks erhält, sind umsatzsteuerfrei. **Keine** (umsatzsteuerpflichtigen) **Einnahmen** sind daher Mitgliedsbeiträge, darüber hinaus aber auch Spenden, Zuschüsse und echte Schadensersatzleistungen.

Eine **Befreiung** von der **Umsatzsteuer** gibt es für Vereine u.a. für
– Kurse, Veranstaltungen und Vorträge wissenschaftlicher oder belehrender Art, wenn die Einnahmen überwiegend zur Deckung der Aufwendungen verwendet werden;

- kulturelle und sportliche Veranstaltungen, die von gemeinnützigen Vereinen durchgeführt werden, soweit das Entgelt in Teilnehmergebühren besteht. Die Steuerbefreiung ist jedoch beschränkt auf die direkte Teilnahme der aktiven Vereinsmitglieder; Zuschauer-Eintrittsgelder fallen nicht unter diese Befreiung;
- allgemein die Verpachtung und Vermietung von Grundstücken.

Einzelheiten über die umsatzsteuerfreien Einnahmen sind in § 4 UStG geregelt.

Aufzugliedern ist dagegen der **unternehmerische Bereich,** d. h. die Durchführung von **Zweckveranstaltungen** und der **wirtschaftliche Geschäftsbetrieb.**

Selbst wenn eine sog. Zweckveranstaltung vorliegt, für die es keine Steuerbefreiung gibt, müssen die Umsätze mit 7%, im Gegensatz zum wirtschaftlichen Geschäftsbetrieb (14%) besteuert werden. Für den Verein wichtig ist daher die bereits eingangs erwähnte klare Abgrenzung von Veranstaltungen, insbesondere bei Vereinsfesten.

Ein weiterer Steuervorteil kommt insbesondere für kleinere Vereine in Betracht. Selbst wenn es sich um Einnahmen im Rahmen eines wirtschaftlichen Geschäftsbetriebs handelt, kann die sog. **Kleinunternehmer-Regelung** in Anspruch genommen werden. Die Umsatzsteuer wird nach der Freibetragsregelung nach § 19 Abs. 1 und 4 UStG dann nicht erhoben, wenn im vergangenen Jahr nicht mehr als 20.000 DM Umsatz (umsatzsteuerpflichtige Einnahmen) erzielt wurden **und** im laufenden Jahr die Umsätze einschließlich der darauf entfallenden Steuer nicht über 100.000 DM liegen. Zum Gesamtumsatz gerechnet werden nicht nur die Einnahmen aus Lieferungen und Leistungen, sondern auch der sog. Eigenverbrauch. Ein **Vorsteuerabzug,** etwa für erhaltene Rechnungen, ist nicht möglich.

Der Verein hat jedoch ebenfalls noch die Möglichkeit, auf diese Steuerbefreiung zu verzichten (Ausübung der sog. Umsatzsteuer-Option nach § 19 Abs. 3 UStG). In diesem Falle sind bei Einhaltung der vorgenannten Umsatzgrenzen zwar die Umsätze des Vereins zu versteuern, die steuerliche Belastung wird jedoch durch einen gestaffelten Steuerabzugsbetrag wesentlich gemindert, wenn der Gesamtumsatz des Vereins sich im laufenden Kalenderjahr nicht über 60.000 DM bewegt.

Gerade kleinere Vereine sollten im Hinblick auf mögliche Investitionen prüfen, ob sich ein Verzicht auf die Nichterhebung der Steuer lohnt, da der Vorsteuerabzug aus Rechnungen (etwa bei Bauvorhaben) entfällt.

Wird von der sog. Kleinunternehmer-Regelung kein Gebrauch gemacht, kann aus den steuerpflichtigen Umsätzen die sog. **Vorsteuer** abgezogen werden.

Für die unternehmerische Tätigkeit besteht für den Verein die Pflicht, Umsätze, je nach Höhe der Steuerschuld, dem Finanzamt anzumelden und Umsatzsteuer abzuführen. Diese Umsatzsteuer-Voranmeldungen sind spätestens zehn Tage nach Ablauf eines jeden Monats auf amtlichem Vordruck anzumelden und die hierfür entfallende Umsatzsteuer, ggf. gekürzt um die Vorsteuern, innerhalb der sog. Schonfrist (fünf Werktage) bei der Finanzkasse einzuzahlen. Bei einer Steuerschuld im vorangegangenen Kalenderjahr von nicht mehr als 6.000 DM muß die Voranmeldung nur vierteljährlich abgegeben werden. Nur für den Fall, daß die abgegebene Umsatzsteuerschuld für das gesamte laufende Jahr nicht über 600 DM liegt, kann auf Antrag eine **Befreiung** von der **Voranmeldungspflicht** beim Finanzamt eingeholt werden.

Hinweis für Sportvereine: Die kommerzielle Werbung eines Sportvereins bei sportlichen Veranstaltungen ist kein Zweckbetrieb, sondern ein wirtschaftlicher Geschäftsbetrieb, so daß Umsatzsteuer-, Körperschaftsteuer- und Gewerbesteuerpflicht gegeben ist. Zulässig ist hier, daß 25% der Werbeeinnahmen als **Kostenpauschale** abgesetzt werden können. Für die umsatzsteuerrechtliche Betrachtungsweise gilt, daß die für Werbeveranstaltungen anfallende, im Bruttopreis steckende Umsatzsteuer nicht als Bemessungsgrundlage für die Kostenpauschale gilt. Als verrechenbare Veranstaltungskosten sind daher jeweils nur 25% der Netto-Werbeentgelte i.S.d. § 10 Abs. 1 UStG anzusehen. Die Umsatzsteuer ist andererseits nicht durch die Kostenpauschale abgedeckt. Ermittelt der Sportverein z.B. seinen Gewinn durch Einnahme-Überschußrechnung nach § 4 Abs. 3 EStG, so können mithin verausgabte Umsatzsteuerbeträge zusätzlich zur Kostenpauschale als Betriebsausgaben abgezogen werden. Mit den Werbeentgelten vereinnahmte Umsatzsteuerbeträge sind bei der Einnahmeüberschußrechnung Betriebseinnahmen des Werbegeschäftes.

Beispiel: Ein Sportverein ermittelt seinen Gewinn durch Einnahmeüberschußrechnung. Die Kleinunternehmerregelung des § 19 UStG findet wegen anderweitiger steuerpflichtiger Umsätze keine Anwendung.

Die Werbeeinnahmen betragen netto	10.000 DM
+ 14% Mehrwertsteuer	1.400 DM
Bruttoeinnahmen	11.400 DM
./. verrechenbare Veranstaltungskosten (25% von 10.000 DM)	./. 2.500 DM
./. verausgabte Umsatzsteuerbeträge im Gewinnermittlungszeitraum	./. 1.000 DM
Reingewinn aus aktiven Werbegeschäften bei Sportveranstaltungen	7.900 DM

(So der bundeseinheitlich geltende Erlaß des FinMin Hessen v. 8.5.1985 – S 0183 A – 1 – 2 b 32).

Lohnsteuer

Werden in einem Verein Arbeitnehmer beschäftigt, trifft den Verein – ähnlich einem sonstigen Arbeitgeber – eine Verpflichtung zur **Einbehaltung, Anmeldung und Abführung der Lohnsteuer** für gezahlte Löhne. Ohne Bedeutung ist hierbei, ob der Arbeitnehmer im eigentlichen gemeinnützigen Bereich, im Zweckbetrieb oder im wirtschaftlichen Geschäftsbetrieb eingesetzt wird. Als Arbeitnehmer kommt z. B. eine fest angestellte Person (Geschäftsführer, hauptberuflicher Übungsleiter, angestellte Platzwarte etc.) in Betracht.

Nicht als Arbeitnehmer gelten hingegen Vereinsmitglieder, die nur gelegentlich und bei besonderen Anlässen tätig werden und nur einen Auslagenersatz oder Verzehrgelder erhalten sowie die ehrenamtlich tätigen Mitglieder, denen nur eine Aufwandsentschädigung gezahlt wird.

Gerade bei der Beantwortung der Frage, ob bei dem Helfer eine arbeitnehmerische Tätigkeit vorliegt, bestehen oft Abgrenzungsschwierigkeiten. Kann der einzelne Vorgang von Seiten des Vereins nicht problemlos gelöst werden, empfiehlt sich u. U. eine offizielle Lohnsteueranrufungsauskunft. Das Finanzamt ist hier bei Darlegung des Steuersachverhaltes an die Auskunft gebunden, d. h. spätere Auseinandersetzungen mit dem Finanzamt werden insoweit zumindest vermieden. Vereine können zudem für Teilzeitbeschäftigte eine Lohnsteuerpauschalierung in Höhe von 10% des Arbeitslohns vornehmen (§ 40a EStG). Umstritten in diesem Bereich ist auch die Frage der Sozialversicherungspflicht. Als Faustregel gilt hier der Grundsatz, daß eine Lohnsteuerpflicht auch eine Sozialversicherungspflicht nach sich zieht.

Zu beachten ist in diesem Zusammenhang auch die steuerliche Regelung zu **Aufwandsentschädigungen** für nebenberufliche Tätigkeit als Übungsleiter, Ausbilder, Erzieher oder vergleichbare nebenberufliche Tätigkeiten zur Förderung gemeinnütziger, mildtätiger oder kirchlicher Zwecke im Dienst oder Auftrag eines steuerbegünstigten Vereins. Hier sind Zahlungen bis zur Höhe von insgesamt 2.400 DM im Kalenderjahr von der Einkommen- bzw. Lohnsteuer befreit. Andererseits sind die Aufwendungen, die mit dieser nebenberuflichen Tätigkeit zusammenhängen, bis zur Höhe der steuerfreien Aufwandsentschädigung abgegolten. Für **Amateurfußballer** darf ein (nachzuweisender!) steuerfreier Auslagenersatz im Jahresdurchschnitt bis zu 700 DM monatlich gewährt werden. Lohnsteuerpflicht besteht jedoch, wenn die Zahlungen direkt etwa als „Unterstützung" des Sportvereins und damit als „Verdienst" gezahlt werden. Amateurfußballer können zudem einen lohnsteuerfreien Auslagenersatz für erbrachte eigene Aufwendungen (z.B. Kauf u. Instandhaltung von Sportkleidung, Verpflegungsmehraufwand) in Höhe von 8 DM bei Spielen und Training am Ort, 24 DM bei auswärtigen Veranstaltungen erhalten.

9 Die wichtigsten Gesetzestexte (Auszüge)

9.1 BGB-Regelungen über Vereine

§ 21 Ein Verein, dessen Zweck nicht auf einen wirtschaftlichen Geschäftsbetrieb gerichtet ist, erlangt Rechtsfähigkeit durch Eintragung in das Vereinsregister des zuständigen Amtsgerichts.

§ 22 Ein Verein, dessen Zweck auf einen wirtschaftlichen Geschäftsbetrieb gerichtet ist, erlangt in Ermangelung besonderer reichsgesetzlicher Vorschriften Rechtsfähigkeit durch staatliche Verleihung. Die Verleihung steht dem Bundesstaate zu, in dessen Gebiete der Verein seinen Sitz hat.

§ 23 Einem Vereine, der seinen Sitz nicht in einem Bundesstaate hat, kann in Ermangelung besonderer reichsgesetzlicher Vorschriften Rechtsfähigkeit durch Beschluß des Bundesrats verliehen werden.

§ 24 Als Sitz eines Vereins gilt, wenn nicht ein anderes bestimmt ist, der Ort, an welchem die Verwaltung geführt wird.

§ 25 Die Verfassung eines rechtsfähigen Vereins wird, soweit sie nicht auf den nachfolgenden Vorschriften beruht, durch die Vereinssatzung bestimmt.

§ 26 (1) Der Verein muß einen Vorstand haben. Der Vorstand kann aus mehreren Personen bestehen.
(2) Der Vorstand vertritt den Verein gerichtlich und außergerichtlich; er hat die Stellung eines gesetzlichen Vertreters. Der Umfang seiner Vertretungsmacht kann durch die Satzung mit Wirkung gegen Dritte beschränkt werden.

§ 27 (1) Die Bestellung des Vorstandes erfolgt durch Beschluß der Mitgliederversammlung.
(2) Die Bestellung ist jederzeit widerruflich, unbeschadet des Anspruchs auf die vertragsmäßige Vergütung. Die Widerruflichkeit kann durch die Satzung auf den Fall beschränkt werden, daß ein wichtiger Grund für den Widerruf vorliegt; ein solcher Grund ist insbesondere grobe Pflichtverletzung oder Unfähigkeit zur ordnungsmäßigen Geschäftsführung.
(3) Auf die Geschäftsführung des Vorstandes finden die für den Auftrag geltenden Vorschriften der §§ 664 bis 670 entsprechende Anwendung.

§ 28 (1) Besteht der Vorstand aus mehreren Personen, so erfolgt die Beschlußfassung nach den für die Beschlüsse der Mitglieder des Vereins geltenden Vorschriften der §§ 32, 34.
(2) Ist eine Willenserklärung dem Vereine gegenüber abzugeben, so genügt die Abgabe gegenüber einem Mitgliede des Vorstandes.

§ 29 Soweit die erforderlichen Mitglieder des Vorstandes fehlen, sind sie in dringenden Fällen für die Zeit bis zur Behebung des Mangels auf Antrag eines Beteiligten von dem Amtsgericht zu bestellen, das für den Bezirk, in dem der Verein seinen Sitz hat, das Vereinsregister führt.

§ 30 Durch die Satzung kann bestimmt werden, daß neben dem Vorstande für gewisse Geschäfte besondere Vertreter zu bestellen sind. Die Vertretungsmacht eines solchen Vertreters erstreckt sich im Zweifel auf alle Rechtsgeschäfte, die der ihm zugewiesene Geschäftskreis gewöhnlich mit sich bringt.

§ 31 Der Verein ist für den Schaden verantwortlich, den der Vorstand, ein Mitglied des Vorstandes oder ein anderer verfassungsmäßig berufener Vertreter durch eine in Ausführung der ihm zustehenden Verrichtungen begangene, zum Schadensersatze verpflichtende Handlung einem Dritten zufügt.

§ 32 (1) Die Angelegenheiten des Vereins werden, soweit sie nicht von dem Vorstand oder einem anderen Vereinsorgane zu besorgen sind, durch Beschlußfassung in einer Versammlung der Mitglieder geordnet. Zur Gültigkeit des Beschlusses ist erforderlich, daß der Gegenstand bei der Berufung bezeichnet wird. Bei der Beschlußfassung entscheidet die Mehrheit der erschienenen Mitglieder.
(2) Auch ohne Versammlung der Mitglieder ist ein Beschluß gültig, wenn alle Mitglieder ihre Zustimmung zu dem Beschlusse schriftlich erklären.

§ 33 (1) Zu einem Beschlusse, der eine Änderung der Satzung enthält, ist eine Mehrheit von drei Vierteilen der erschienenen Mitglieder erforderlich. Zur Änderung des Zweckes des Vereins ist die Zustimmung aller Mitglieder erforderlich; die Zustimmung der nicht erschienenen Mitglieder muß schriftlich erfolgen.
(2) Beruht die Rechtsfähigkeit des Vereins auf Verleihung, so ist zu jeder Änderung der Satzung staatliche Genehmigung oder, falls die Verleihung durch den Bundesrat erfolgt ist, die Genehmigung des Bundesrats erforderlich.

§ 34 Ein Mitglied ist nicht stimmberechtigt, wenn die Beschlußfassung die Vornahme eines Rechtsgeschäfts mit ihm oder die Einleitung oder Erledigung eines Rechtsstreits zwischen ihm und dem Vereine betrifft.

§ 35 Sonderrechte eines Mitglieds können nicht ohne dessen Zustimmung durch Beschluß der Mitgliederversammlung beeinträchtigt werden.

§ 36 Die Mitgliederversammlung ist in den durch die Satzung bestimmten Fällen sowie dann zu berufen, wenn das Interesse des Vereins es erfordert.

§ 37 (1) Die Mitgliederversammlung ist zu berufen, wenn der durch die Satzung bestimmte Teil oder in Ermangelung einer Bestimmung der zehnte Teil der Mitglieder die Berufung schriftlich unter Angabe des Zweckes und der Gründe verlangt.
(2) Wird dem Verlangen nicht entsprochen, so kann das Amtsgericht die Mitglieder, die das Verlangen gestellt haben, zur Berufung der Versammlung ermächtigen; es kann Anordnungen über die Führung des Vorsitzes in der Versammlung treffen. Zuständig ist das Amtsgericht, das für den Bezirk, in dem der Verein seinen Sitz hat, das Vereinsregister führt. Auf die Ermächtigung muß bei der Berufung der Versammlung Bezug genommen werden.

§ 38 Die Mitgliedschaft ist nicht übertragbar und nicht vererblich. Die Ausübung der Mitgliedschaftsrechte kann nicht einem anderen überlassen werden.

§ 39 (1) Die Mitglieder sind zum Austritt aus dem Vereine berechtigt.
(2) Durch die Satzung kann bestimmt werden, daß der Austritt nur am Schlusse eines Geschäftsjahrs oder erst nach dem Ablauf einer Kündigungsfrist zulässig ist; die Kündigungsfrist kann höchstens zwei Jahre betragen.

§ 40 Die Vorschriften des § 27 Abs. 1, 3, des § 28 Abs. 1 und der §§ 32, 33, 38 finden insoweit keine Anwendung, als die Satzung ein anderes bestimmt.

§ 41 Der Verein kann durch Beschluß der Mitgliederversammlung aufgelöst werden. Zu dem Beschluß ist eine Mehrheit von drei Vierteilen der erschienenen Mitglieder erforderlich, wenn nicht die Satzung ein anderes bestimmt.

§ 42 (1) Der Verein verliert die Rechtsfähigkeit durch die Eröffnung des Konkurses.
(2) Der Vorstand hat im Falle der Überschuldung die Eröffnung des Konkursverfahrens oder des gerichtlichen Vergleichsverfahrens zu beantragen. Wird die Stellung des Antrags verzögert, so sind die Vorstandsmitglieder, denen ein Verschulden zu Last fällt, den Gläubigern für den daraus entstehenden Schaden verantwortlich; sie haften als Gesamtschuldner.

§ 43 (1) Dem Vereine kann die Rechtsfähigkeit entzogen werden, wenn er durch einen gesetzwidrigen Beschluß der Mitgliederversammlung oder durch gesetzwidriges Verhalten des Vorstandes das Gemeinwohl gefährdet.
(2) Einem Vereine, dessen Zweck nach der Satzung nicht auf einen wirtschaftlichen Geschäftsbetrieb gerichtet ist, kann die Rechtsfähigkeit entzogen werden, wenn er einen solchen Zweck verfolgt.
(3) (aufgehoben)
(4) Einem Vereine, dessen Rechtsfähigkeit auf Verleihung beruht, kann die Rechtsfähigkeit entzogen werden, wenn er einen in der Satzung nicht bestimmten Zweck verfolgt.

§ 44 (1) Die Zuständigkeit und das Verfahren bestimmen sich in den Fällen des § 43 nach dem Recht des Landes, in dem der Verein seinen Sitz hat.
(2) Beruht die Rechtsfähigkeit auf Verleihung durch den Bundesrat, so erfolgt die Entziehung durch Beschluß des Bundesrats.

§ 45 (1) Mit der Auflösung des Vereins oder der Entziehung der Rechtsfähigkeit fällt das Vermögen an die in der Satzung bestimmten Personen.
(2) Durch die Satzung kann vorgeschrieben werden, daß die Anfallberechtigten durch Beschluß der Mitgliederversammlung oder eines anderen Vereinsorgans bestimmt werden. Ist der Zweck des Vereins nicht auf einen wirtschaftlichen Geschäftsbetrieb gerichtet, so kann die Mitgliederversammlung auch ohne eine solche Vorschrift das Vermögen einer öffentlichen Stiftung oder Anstalt zuweisen.
(3) Fehlt es an einer Bestimmung der Anfallberechtigten, so fällt das Vermögen, wenn der Verein nach der Satzung ausschließlich den Interessen seiner Mitglieder diente, an die zur Zeit der Auflösung oder der Entziehung der Rechtsfähigkeit vorhandenen Mitglieder zu gleichen Teilen, anderenfalls an den Fiskus des Bundesstaats, in dessen Gebiete der Verein seinen Sitz hat.

§ 46 Fällt das Vereinsvermögen an den Fiskus, so finden die Vorschriften über eine dem Fiskus als gesetzlichem Erben anfallende Erbschaft entsprechende Anwendung. Der Fiskus hat das Vermögen tunlichst in einer den Zwecken des Vereins entsprechenden Weise zu verwenden.

§ 47 Fällt das Vereinsvermögen nicht an den Fiskus, so muß eine Liquidation stattfinden.

§ 48 (1) Die Liquidation erfolgt durch den Vorstand. Zu Liquidatoren können auch andere Personen bestellt werden; für die Bestellung sind die für die Bestellung des Vorstandes geltenden Vorschriften maßgebend.
(2) Die Liquidatoren haben die rechtliche Stellung des Vorstandes, soweit sich nicht aus dem Zwecke der Liquidation ein anderes ergibt.
(3) Sind mehrere Liquidatoren vorhanden, so ist für ihre Beschlüsse Übereinstimmung aller erforderlich, sofern nicht ein anderes bestimmt ist.

§ 49 (1) Die Liquidatoren haben die laufenden Geschäfte zu beendigen, die Forderungen einzuziehen, das übrige Vermögen in Geld umzusetzen, die Gläubiger zu befriedigen und den Überschuß den Anfallberechtigten auszuantworten. Zur Beendigung schwebender Geschäfte können die Liquidatoren auch neue Geschäfte eingehen. Die Einziehung der Forderungen sowie die Umsetzung des übrigen Vermögens in Geld darf unterbleiben, soweit diese Maßregeln nicht zur Befriedigung der Gläubiger oder zur Verteilung des Überschusses unter die Anfallberechtigten erforderlich sind.
(2) Der Verein gilt bis zur Beendigung der Liquidation als fortbestehend, soweit der Zweck der Liquidation es erfordert.

§ 50 (1) Die Auflösung des Vereins oder die Entziehung der Rechtsfähigkeit ist durch die Liquidatoren öffentlich bekanntzumachen. In der Bekanntmachung sind die Gläubiger zur Anmeldung ihrer Ansprüche aufzufordern. Die Bekanntmachung erfolgt durch das in der Satzung für Veröffentlichungen bestimmte Blatt, in Ermangelung eines solchen durch dasjenige Blatt, welches für die Bekanntmachungen des Amtsgerichts bestimmt ist, in dessen Bezirke der Verein seinen Sitz hatte. Die Bekanntmachung gilt mit dem Ablaufe des zweiten Tages nach der Einrückung oder der ersten Einrückung als bewirkt.
(2) Bekannte Gläubiger sind durch besondere Mitteilung zur Anmeldung aufzufordern.

§ 51 Das Vermögen darf den Anfallberechtigten nicht vor dem Ablauf eines Jahres nach der Bekanntmachung der Auflösung des Vereins oder der Entziehung der Rechtsfähigkeit ausgeantwortet werden.

§ 52 (1) Meldet sich ein bekannter Gläubiger nicht, so ist der geschuldete Betrag, wenn die Berechtigung zur Hinterlegung vorhanden ist, für den Gläubiger zu hinterlegen.
(2) Ist die Berichtigung einer Verbindlichkeit zur Zeit nicht ausführbar oder ist eine Verbindlichkeit streitig, so darf das Vermögen den Anfallberechtigten nur ausgeantwortet werden, wenn dem Gläubiger Sicherheit geleistet ist.

§ 53 Liquidatoren, welche die ihnen nach dem § 42 Abs. 2 und den §§ 50 bis 52 obliegenden Verpflichtungen verletzen oder vor der Befriedigung der Gläubiger Vermögen den Anfallberechtigten ausantworten, sind, wenn ihnen ein Verschulden zur Last fällt, den Gläubigern für den daraus entstehenden Schaden verantwortlich; sie haften als Gesamtschuldner.

§ 54 Auf Vereine, die nicht rechtsfähig sind, finden die Vorschriften über die Gesellschaft Anwendung. Aus einem Rechtsgeschäfte, das im Namen eines solchen Vereins einem Dritten gegenüber vorgenommen wird, haftet der Handelnde persönlich; handeln mehrere, so haften sie als Gesamtschuldner.

§ 55 (1) Die Eintragung eines Vereins der im § 21 bezeichneten Art in das Vereinsregister hat bei dem Amtsgerichte zu geschehen, in dessen Bezirke der Verein seinen Sitz hat.
(2) Die Landesjustizverwaltungen können die Vereinssachen einem Amtsgericht für die Bezirke mehrerer Amtsgerichte zuweisen.

§ 56 Die Eintragung soll nur erfolgen, wenn die Zahl der Mitglieder mindestens sieben beträgt.

§ 57 (1) Die Satzung muß den Zweck, den Namen und den Sitz des Vereins enthalten und ergeben, daß der Verein eingetragen werden soll.
(2) Der Name soll sich von den Namen der an demselben Orte oder in derselben Gemeinde bestehenden eingetragenen Vereine deutlich unterscheiden.

§ 58 Die Satzung soll Bestimmungen enthalten:
1. über den Eintritt und Austritt der Mitglieder;
2. darüber, ob und welche Beiträge von den Mitgliedern zu leisten sind;
3. über die Bildung des Vorstandes;
4. über die Voraussetzungen, unter denen die Mitgliederversammlung zu berufen ist, über die Form der Berufung und über die Beurkundung der Beschlüsse.

§ 59 (1) Der Vorstand hat den Verein zur Eintragung anzumelden.
(2) Der Anmeldung sind beizufügen:
1. die Satzung in Urschrift und Abschrift;
2. eine Abschrift der Urkunden über die Bestellung des Vorstandes.
(3) Die Satzung soll von mindestens sieben Mitgliedern unterzeichnet sein und die Angabe des Tages der Errichtung enthalten.

§ 60 Die Anmeldung ist, wenn den Erfordernissen der §§ 56 bis 59 nicht genügt ist, von dem Amtsgericht unter Angabe der Gründe zurückzuweisen.

§ 61 (1) Wird die Anmeldung zugelassen, so hat das Amtsgericht sie der zuständigen Verwaltungsbehörde mitzuteilen.
(2) Die Verwaltungsbehörde kann gegen die Eintragung Einspruch erheben, wenn der Verein nach dem öffentlichen Vereinsrecht unerlaubt ist oder verboten werden kann.

§ 62 Erhebt die Verwaltungsbehörde Einspruch, so hat das Amtsgericht den Einspruch dem Vorstande mitzuteilen.

§ 63 (1) Die Eintragung darf, sofern nicht die Verwaltungsbehörde dem Amtsgericht mitteilt, daß Einspruch nicht erhoben werde, erst erfolgen, wenn seit der Mitteilung der Anmeldung an die Verwaltungsbehörde sechs Wochen verstrichen sind und Einspruch nicht erhoben ist oder wenn der erhobene Einspruch seine Wirksamkeit verloren hat.
(2) Der Einspruch wird unwirksam, wenn die nach den Bestimmungen des Vereinsgesetzes zuständige Behörde nicht binnen eines Monats nach Einspruchserhebung ein Verbot des Vereins ausgesprochen hat oder wenn das rechtzeitig ausgesprochene Verbot zurückgenommen oder unanfechtbar aufgehoben worden ist.

§ 64 Bei der Eintragung sind der Name und der Sitz des Vereins, der Tag der Errichtung der Satzung sowie die Mitglieder des Vorstandes im Vereinsregister anzugeben. Bestimmungen, die den Umfang der Vertretungsmacht des Vorstandes beschränken oder die Beschlußfassung des Vorstandes abweichend von der Vorschrift des § 28 Abs. 1 regeln, sind gleichfalls einzutragen.

§ 65 Mit der Eintragung erhält der Name des Vereins den Zusatz „eingetragener Verein".

§ 66 (1) Das Amtsgericht hat die Eintragung durch das für seine Bekanntmachungen bestimmte Blatt zu veröffentlichen.
(2) Die Urschrift der Satzung ist mit der Bescheinigung der Eintragung zu versehen und zurückzugeben. Die Abschrift wird von dem Amtsgerichte beglaubigt und mit den übrigen Schriftstücken aufbewahrt.

§ 67 (1) Jede Änderung des Vorstands ist von dem Vorstand zur Eintragung anzumelden. Der Anmeldung ist eine Abschrift der Urkunde über die Änderung beizufügen.
(2) Die Eintragung gerichtlich bestellter Vorstandsmitglieder erfolgt von Amts wegen.

§ 68 Wird zwischen den bisherigen Mitgliedern des Vorstandes und einem Dritten ein Rechtsgeschäft vorgenommen, so kann die Änderung des Vorstandes dem Dritten nur entgegengesetzt werden, wenn sie zur Zeit der Vornahme des Rechtsgeschäfts im Vereinsregister eingetragen oder dem Dritten bekannt ist. Ist die Änderung eingetragen, so braucht der Dritte sie nicht gegen sich gelten zu lassen, wenn er sie nicht kennt, seine Unkenntnis auch nicht auf Fahrlässigkeit beruht.

§ 69 Der Nachweis, daß der Vorstand aus den im Register eingetragenen Personen besteht, wird Behörden gegenüber durch ein Zeugnis des Amtsgerichts über die Eintragung geführt.

§ 70 Die Vorschriften des § 68 gelten auch für Bestimmungen, die den Umfang der Vertretungsmacht des Vorstandes beschränken oder die Beschlußfassung des Vorstandes abweichend von der Vorschrift des § 28 Abs. 1 regeln.

§ 71 (1) Änderungen der Satzung bedürfen zu ihrer Wirksamkeit der Eintragung in das Vereinsregister. Die Änderung ist von dem Vorstande zur Eintragung anzumelden. Der Anmeldung ist der die Änderung enthaltende Beschluß in Urschrift und Abschrift beizufügen.
(2) Die Vorschriften der §§ 60 bis 64 und des § 66 Abs. 2 finden entsprechende Anwendung.

§ 72 Der Vorstand hat dem Amtsgericht auf dessen Verlangen jederzeit eine von ihm vollzogene Bescheinigung über die Zahl der Vereinsmitglieder einzureichen.

§ 73 Sinkt die Zahl der Vereinsmitglieder unter drei herab, so hat das Amtsgericht auf Antrag des Vorstandes und, wenn der Antrag binnen drei Monaten gestellt wird, von Amts wegen nach Anhörung des Vorstandes dem Vereine die Rechtsfähigkeit zu entziehen.

§ 74 (1) Die Auflösung des Vereins sowie die Entziehung der Rechtsfähigkeit ist in das Vereinsregister einzutragen. Im Falle der Eröffnung des Konkurses unterbleibt die Eintragung.
(2) Wird der Verein durch Beschluß der Mitgliederversammlung oder durch den Ablauf der für die Dauer des Vereins bestimmten Zeit aufgelöst, so hat der Vorstand die Auflösung zur Eintragung anzumelden. Der Anmeldung ist im ersteren Falle eine Abschrift des Auflösungsbeschlusses beizufügen.
(3) Wird dem Verein auf Grund des § 43 die Rechtsfähigkeit entzogen, so erfolgt die Eintragung auf Anzeige der zuständigen Behörde.

§ 75 Die Eröffnung des Konkurses ist von Amts wegen einzutragen. Das gleiche gilt von der Aufhebung des Eröffnungsbeschlusses.

§ 76 Die Liquidatoren sind in das Vereinsregister einzutragen. Das gleiche gilt von Bestimmungen, welche die Beschlußfassung der Liquidatoren abweichend von der Vorschrift des § 48 Abs. 3 regeln.
(2) Die Anmeldung hat durch den Vorstand, bei späteren Änderungen durch die Liquidatoren zu erfolgen. Der Anmeldung der durch Beschluß der Mitgliederversammlung bestellten Liquidatoren ist eine Abschrift des Beschlusses, der Anmeldung einer Bestimmung über die Beschlußfassung der Liquidatoren eine Abschrift der die Bestimmung enthaltenden Urkunde beizufügen.
(3) Die Eintragung gerichtlich bestellter Liquidatoren geschieht von Amts wegen.

§ 77 Die Anmeldungen zum Vereinsregister sind von den Mitgliedern des Vorstandes sowie von den Liquidatoren mittels öffentlich beglaubigter Erklärung zu bewirken.

§ 78 (1) Das Amtsgericht kann die Mitglieder des Vorstandes zur Befolgung der Vorschriften des § 67 Abs. 1, des § 71 Abs. 1, des § 72, des § 74 Abs. 2 und des § 76 durch Festsetzung von Zwangsgeld anhalten.
(2) In gleicher Weise können die Liquidatoren zur Befolgung der Vorschriften des § 76 angehalten werden.

§ 79 Die Einsicht des Vereinsregisters sowie der von dem Vereine bei dem Amtsgericht eingereichten Schriftstücke ist jedem gestattet. Von den Eintragungen kann eine Abschrift gefordert werden; die Abschrift ist auf Verlangen zu beglaubigen.

9.2 AO-Regelungen über Vereine

§ 51 Allgemeines
Gewährt das Gesetz eine Steuervergünstigung, weil eine Körperschaft ausschließlich und unmittelbar gemeinnützige, mildtätige oder kirchliche Zwecke (steuerbegünstigte Zwecke) verfolgt, so gelten die folgenden Vorschriften. Unter Körperschaften sind die Körperschaften, Personenvereinigungen und Vermögensmassen im Sinne des Körperschaftsteuergesetzes zu verstehen.

§ 52 Gemeinnützige Zwecke
(1) Eine Körperschaft verfolgt gemeinnützige Zwecke, wenn ihre Tätigkeit darauf gerichtet ist, die Allgemeinheit auf materiellem, geistigem oder sittlichem Gebiet selbstlos zu fördern. Eine Förderung der Allgemeinheit ist nicht gegeben, wenn der Kreis der Personen, dem die Förderung zugute kommt, fest abgeschlossen ist, zum Beispiel Zugehörigkeit zu einer Familie oder zur Belegschaft eines Unternehmens, oder infolge seiner Abgrenzung, insbesondere nach räumlichen oder beruflichen Merkmalen, dauernd nur klein sein kann. Eine Förderung der Allgemeinheit liegt nicht allein deswegen vor, weil eine Körperschaft ihre Mittel einer Körperschaft des öffentlichen Rechts zuführt.
(2) Unter den Voraussetzungen des Absatzes 1 sind als Förderung der Allgemeinheit anzuerkennen insbesondere:
1. die Förderung von Wissenschaft und Forschung, Bildung und Erziehung, Kunst und Kultur, der Religion, der Völkerverständigung, der Entwicklungshilfe, des Umwelt-, Landschafts- und Denkmalschutzes, des Heimatgedankens,
2. die Förderung der Jugendhilfe, der Altenhilfe, des öffentlichen Gesundheitswesens, des Wohlfahrtswesens und des Sports. Schach gilt als Sport,
3. die allgemeine Förderung des demokratischen Staatswesens im Geltungsbereich des Grundgesetzes und in Berlin (West); hierzu gehören nicht Bestrebungen, die nur bestimmte Einzelinteressen staatsbürgerlichen Art verfolgen oder die auf den kommunalpolitischen Bereich beschränkt sind.

§ 53 Mildtätige Zwecke
Eine Körperschaft verfolgt mildtätige Zwecke, wenn ihre Tätigkeit darauf gerichtet ist, Personen selbstlos zu unterstützen,
1. die infolge ihres körperlichen, geistigen oder seelischen Zustandes auf die Hilfe anderer angewiesen sind oder
2. deren Bezüge nicht höher sind als das Vierfache des Regelsatzes der Sozialhilfe im Sinne des § 22 des Bundessozialhilfegesetzes; beim Alleinstehenden oder Haushaltsvorstand tritt an die Stelle des Vierfachen das Fünffache des Regelsatzes. Dies gilt nicht für Personen, deren Vermögen zur nachhaltigen Verbesserung ihres Unterhalts ausreicht und denen zugemutet werden kann, es dafür zu verwenden. Bei Personen, deren wirtschaftliche Lage aus besonderen Gründen zu einer Notlage geworden ist, dürfen die Bezüge oder das Vermögen die genannten Grenzen übersteigen. Bezüge im Sinne dieser Vorschrift sind
a) Einkünfte im Sinne des § 2 Abs. 1 des Einkommensteuergesetzes
und
b) andere zur Bestreitung des Unterhalts bestimmte oder geeignete Bezüge,
die der Alleinstehende oder der Haushaltsvorstand und die sonstigen Haushaltsangehörigen haben. Zu den Bezügen zählen nicht Leistungen der Sozialhilfe und bis zur Höhe der Leistungen der Sozialhilfe Unterhaltsleistungen an Personen, die ohne die Unterhaltsleistungen sozialhilfeberechtigt wären. Unterhaltsansprüche sind zu berücksichtigen.

§ 54 Kirchliche Zwecke
(1) Eine Körperschaft verfolgt kirchliche Zwecke, wenn ihre Tätigkeit darauf gerichtet ist, eine Religionsgemeinschaft, die Körperschaft des öffentlichen Rechts ist, selbstlos zu fördern.
(2) Zu diesen Zwecken gehören insbesondere die Errichtung, Ausschmückung und Unterhaltung von Gotteshäusern und kirchlichen Gemeindehäusern, die Abhaltung von Gottesdiensten, die Ausbildung von Geistlichen, die Erteilung von Religionsunterricht, die Beerdigung und die Pflege des Andenkens der Toten, ferner die Verwaltung des Kirchenvermögens, die Besoldung der Geistlichen, Kirchenbeamten und Kirchendiener, die Alters- und Behindertenversorgung für diese Personen und die Versorgung ihrer Witwen und Waisen.

§ 55 Selbstlosigkeit
(1) Eine Förderung oder Unterstützung geschieht selbstlos, wenn dadurch nicht in erster Linie eigenwirtschaftliche Zwecke – zum Beispiel gewerbliche Zwecke oder sonstige Erwerbszwecke – verfolgt werden und wenn die folgenden Voraussetzungen gegeben sind:
1. Mittel der Körperschaft dürfen nur für die satzungsmäßigen Zwecke verwendet werden. Die Mitglieder oder Gesellschafter (Mitglieder im Sinne dieser Vorschriften) dürfen keine Gewinnanteile und in ihrer Eigenschaft als Mitglieder auch keine sonstigen Zuwendungen aus Mitteln der Körperschaft erhalten. Die Körperschaft darf ihre Mittel weder für die unmittelbare noch für die mittelbare Unterstützung oder Förderung politischer Parteien verwenden.
2. Die Mitglieder dürfen bei ihrem Ausscheiden oder bei Auflösung oder Aufhebung der Körperschaft nicht mehr als ihre eingezahlten Kapitalanteile und den gemeinen Wert ihrer geleisteten Sacheinlagen zurückerhalten.
3. Die Körperschaft darf keine Person durch Ausgaben, die dem Zweck der Körperschaft fremd sind, oder durch unverhältnismäßig hohe Vergütungen begünstigen.
4. Bei Auflösung oder Aufhebung der Körperschaft oder bei Wegfall ihres bisherigen Zwecks darf das Vermögen der Körperschaft, soweit es die eingezahlten Kapitalanteile der Mitglieder und den gemeinen Wert der von den Mitgliedern geleisteten Sacheinlagen übersteigt, nur für steuerbegünstigte Zwecke verwendet werden (Grundsatz der Vermögensbindung). Diese Voraussetzung ist auch erfüllt, wenn das Vermögen einer anderen steuerbegünstigten Körperschaft oder einer Körperschaft des öffentlichen Rechts für steuerbegünstigte Zwecke übertragen werden soll.

(2) Bei der Ermittlung des gemeinen Werts (Absatz 1 Nr. 2 und 4) kommt es auf die Verhältnisse zu dem Zeitpunkt an, in dem die Sacheinlagen geleistet worden sind.

(3) Die Vorschriften, die die Mitglieder der Körperschaft betreffen (Absatz 1 Nr. 1, 2 und 4), gelten bei Stiftungen für die Stifter und ihre Erben, bei Betrieben gewerblicher Art von Körperschaften des öffentlichen Rechts für die Körperschaft sinngemäß, jedoch mit der Maßgabe, daß bei Wirtschaftsgütern, die nach § 6 Abs. 1 Ziff. 4 Sätze 2 und 3 des Einkommensteuergesetzes aus einem Betriebsvermögen zum Buchwert entnommen worden sind, an die Stelle des gemeinen Werts der Buchwert der Entnahme tritt.

§ 56 Ausschließlichkeit
Ausschließlichkeit liegt vor, wenn eine Körperschaft nur ihre steuerbegünstigten satzungsmäßigen Zwecke verfolgt.

§ 57 Unmittelbarkeit
(1) Eine Körperschaft verfolgt unmittelbar ihre steuerbegünstigten satzungsmäßigen Zwecke, wenn sie selbst diese Zwecke verwirklicht. Das kann auch durch Hilfspersonen geschehen, wenn nach den Umständen des Falles, insbesondere nach den rechtlichen und tatsächlichen Beziehungen, die zwischen der Körperschaft und der Hilfsperson bestehen, das Wirken der Hilfsperson wie eigenes Wirken der Körperschaft anzusehen ist.

(2) Eine Körperschaft, in der steuerbegünstigte Körperschaften zusammengefaßt sind, wird einer Körperschaft, die unmittelbar steuerbegünstigte Zwecke verfolgt, gleichgestellt.

§ 58 Steuerlich unschädliche Betätigungen
Die Steuervergünstigung wird nicht dadurch ausgeschlossen, daß
1. eine Körperschaft Mittel für die Verwirklichung der steuerbegünstigten Zwecke einer anderen Körperschaft oder für die Verwirklichung steuerbegünstigter Zwecke durch eine Körperschaft des öffentlichen Rechts beschafft,
2. eine Körperschaft ihre Mittel teilweise einer anderen, ebenfalls steuerbegünstigten Körperschaft oder einer Körperschaft des öffentlichen Rechts zur Verwendung zu steuerbegünstigten Zwecken zuwendet,
3. eine Körperschaft ihre Arbeitskräfte anderen Personen, Unternehmen oder Einrichtungen für steuerbegünstigte Zwecke zur Verfügung stellt,
4. eine Körperschaft ihr gehörende Räume einer anderen steuerbegünstigten Körperschaft zur Benutzung für deren steuerbegünstigte Zwecke überläßt,
5. eine Stiftung einen Teil, jedoch höchstens ein Viertel ihres Einkommens dazu verwendet, um in angemessener Weise den Stifter und seine nächsten Angehörigen zu unterhalten, ihre Gräber zu pflegen und ihr Andenken zu ehren,
6. eine Körperschaft ihre Mittel ganz oder teilweise einer Rücklage zuführt, soweit dies erforderlich ist, um ihre steuerbegünstigten satzungsmäßigen Zwecke nachhaltig erfüllen zu können,
7. a) eine Körperschaft höchstens ein Viertel des Überschusses der Einnahmen über die Unkosten aus Vermögensverwaltung einer freien Rücklage zuführt,
   b) eine Körperschaft Mittel zum Erwerb von Gesellschaftsrechten zur Erhaltung der prozentualen Beteiligung an Kapitalgesellschaften ansammelt oder im Jahr des Zuflusses verwendet; diese Beträge sind auf die nach Buchstabe a in demselben Jahr oder künftig zulässigen Rücklagen anzurechnen.
8. eine Körperschaft gesellige Zusammenkünfte veranstaltet, die im Vergleich zu ihrer steuerbegünstigten Tätigkeit von untergeordneter Bedeutung sind,

9. ein Sportverein dem Sport nahestehende Tätigkeiten fördert, die im Vergleich zur Förderung des Sports von untergeordneter Bedeutung und nicht als wirtschaftlicher Geschäftsbetrieb anzusehen sind.

§ 59 Voraussetzung der Steuervergünstigung
Die Steuervergünstigung wird gewährt, wenn sich aus der Satzung, dem Stiftungsgeschäft oder der sonstigen Verfassung (Satzung im Sinne dieser Vorschriften) ergibt, welchen Zweck die Körperschaft verfolgt, daß dieser Zweck den Anforderungen der §§ 52 bis 55 entspricht und daß er ausschließlich und unmittelbar verfolgt wird; die tatsächliche Geschäftsführung muß diesen Satzungsbestimmungen entsprechen.

§ 60 Anforderungen an die Satzung
(1) Die Satzungszwecke und die Art ihrer Verwirklichung müssen so genau bestimmt sein, daß auf Grund der Satzung geprüft werden kann, ob die satzungsmäßigen Voraussetzungen für Steuervergünstigungen gegeben sind.
(2) Die Satzung muß den vorgeschriebenen Erfordernissen bei der Körperschaftsteuer und bei der Gewerbesteuer während des ganzen Veranlagungs- oder Bemessungszeitraums, bei den anderen Steuern im Zeitpunkt der Entstehung der Steuer entsprechen.

§ 61 Satzungsmäßige Vermögensbindung
(1) Eine steuerlich ausreichende Vermögensbindung (§ 55 Abs. 1 Nr. 4) liegt vor, wenn der Zweck, für den das Vermögen bei Auflösung oder Aufhebung der Körperschaft oder bei Wegfall ihres bisherigen Zweckes verwendet werden soll, in der Satzung so genau bestimmt ist, daß auf Grund der Satzung geprüft werden kann, ob der Verwendungszweck steuerbegünstigt ist.
(2) Kann aus zwingenden Gründen der künftige Verwendungszweck des Vermögens bei der Aufstellung der Satzung nach Absatz 1 noch nicht genau angegeben werden, so genügt es, wenn in der Satzung bestimmt wird, daß das Vermögen bei Auflösung oder Aufhebung der Körperschaft oder bei Wegfall ihres bisherigen Zweckes zu steuerbegünstigten Zwecken zu verwenden ist und daß der künftige Beschluß der Körperschaft über die Verwendung erst nach Einwilligung des Finanzamts ausgeführt werden darf. Das Finanzamt hat die Einwilligung zu erteilen, wenn der beschlossene Verwendungszweck steuerbegünstigt ist.
(3) Wird die Bestimmung über die Vermögensbindung nachträglich so geändert, daß sie den Anforderungen des § 55 Abs. 1 Nr. 4 nicht mehr entspricht, so gilt sie von Anfang an als steuerlich nicht ausreichend. § 175 Abs. 1 Nr. 2 ist mit der Maßgabe anzuwenden, daß Steuerbescheide erlassen, aufgehoben oder geändert werden können, soweit sie Steuern betreffen, die innerhalb der letzten zehn Kalenderjahre vor der Änderung der Bestimmung über die Vermögensbindung entstanden sind.

§ 62 Ausnahmen von der satzungsmäßigen Vermögensbindung

§ 63 Anforderungen an die tatsächliche Geschäftsführung
(1) Die tatsächliche Geschäftsführung der Körperschaft muß auf die ausschließliche und unmittelbare Erfüllung der steuerbegünstigten Zwecke gerichtet sein und den Bestimmungen entsprechen, die die Satzung über die Voraussetzungen für Steuervergünstigungen enthält.
(2) Für die tatsächliche Geschäftsführung gilt sinngemäß § 60 Abs. 2, für eine Verletzung der Vorschrift über die Vermögensbindung § 61 Abs. 3.
(3) Die Körperschaft hat den Nachweis, daß ihre tatsächliche Geschäftsführung den Erfordernissen des Absatzes 1 entspricht, durch ordnungsmäßige Aufzeichnungen über ihre Einnahmen und Ausgaben zu führen.

§ 64 Umfang der Steuervergünstigung
Schließt das Gesetz die Steuervergünstigung insoweit aus, als ein wirtschaftlicher Geschäftsbetrieb (§ 14) unterhalten wird, so verliert die Körperschaft für die Werte (Vermögen, Einkünfte, Umsätze), die zu diesem Betrieb gehören, die Steuervergünstigung, soweit nicht ein Zweckbetrieb (§§ 65 bis 68) gegeben ist.

§ 65 Zweckbetrieb
Ein Zweckbetrieb ist gegeben, wenn
1. der wirtschaftliche Geschäftsbetrieb in seiner Gesamtrichtung dazu dient, die steuerbegünstigten satzungsmäßigen Zwecke der Körperschaft zu verwirklichen,
2. die Zwecke nur durch einen solchen Geschäftsbetrieb erreicht werden können und
3. der wirtschaftliche Geschäftsbetrieb zu nicht begünstigten Betrieben derselben oder ähnlichen Art nicht in größerem Umfang in Wettbewerb tritt, als es bei Erfüllung der steuerbegünstigten Zwecke unvermeidlich ist.

§ 66 Wohlfahrtspflege

§ 67 Krankenhäuser

§ 67a Sportliche Veranstaltungen
Sportliche Veranstaltungen eines Sportvereins, der keine Fußballveranstaltungen unter Einsatz seiner Lizenzspieler nach dem Bundesligastatut des Deutschen Fußballbundes e.V. durchführt, sind ein Zweckbetrieb, wenn
1. kein Sportler des Vereins teilnimmt, der für seine sportliche Betätigung oder für die Benutzung seiner Person, seines Namens, seines Bildes oder seiner sportlichen Betätigung zu Werbezwecken vor dem Verein oder einem Dritten über eine Aufwandsentschädigung hinaus Vergütungen oder andere Vorteile erhält und
2. kein anderer Sportler teilnimmt, der für die Teilnahme an der Veranstaltung von dem Verein oder einem Dritten im Zusammenwirken mit dem Verein über eine Aufwandsentschädigung hinaus Vergütungen oder andere Vorteile erhält.

Andere sportliche Veranstaltungen sind ein steuerpflichtiger wirtschaftlicher Geschäftsbetrieb. Dieser schließt die Steuervergünstigung nicht aus, wenn die Vergütungen oder anderen Vorteile ausschließlich aus diesem wirtschaftlichen Geschäftsbetrieb oder von Dritten geleistet werden.

§ 68 Einzelne Zweckbetriebe
Als Zweckbetriebe kommen insbesondere in Betracht:
1. a) Alten-, Altenwohn- und Pflegeheime, Erholungsheime, Mahlzeitendienste, wenn sie in besonderem Maße den in § 53 genannten Personen dienen (§ 66 Abs. 3),
   b) Kindergärten, Kinder-, Jugend- und Studentenheime, Schullandheime und Jugendherbergen,
2. a) landwirtschaftliche Betriebe und Gärtnereien, die der Selbstversorgung von Körperschaften dienen und dadurch die sachgemäße Ernährung und ausreichende Versorgung von Anstaltsangehörigen sichern,
   b) andere Einrichtungen, die für die Selbstversorgung von Körperschaften erforderlich sind, wie Tischlereien, Schlossereien,
   wenn die Lieferungen und sonstigen Leistungen dieser Einrichtungen an Außenstehende dem Wert nach 20 vom Hundert der gesamten Lieferungen und sonstigen Leistungen des Betriebes – einschließlich der an die Körperschaft selbst bewirkten – nicht übersteigen,
3. Werkstätten für Behinderte, die nach den Vorschriften des Arbeitsförderungsgesetzes förderungsfähig sind und Personen Arbeitsplätze bieten, die wegen ihrer Behinderung nicht auf dem allgemeinen Arbeitsmarkt tätig sein können, sowie Einrichtungen für Beschäftigungs- und Arbeitstherapie, die der Eingliederung von Behinderten dienen.
4. Einrichtungen, die zur Durchführung der Blindenfürsorge und zur Durchführung der Fürsorge für Körperbehinderte unterhalten werden.
5. Einrichtungen der Fürsorgeerziehung und der freiwilligen Erziehungshilfe,
6. von den zuständigen Behörden genehmigte Lotterien und Ausspielungen, die eine steuerbegünstigte Körperschaft höchstens zweimal im Jahr zu ausschließlich gemeinnützigen, mildtätigen oder kirchlichen Zwecken veranstaltet,
7. a) kulturelle Einrichtungen, wie Museen, Theater, und kulturelle Veranstaltungen, wie Konzerte, Kunstausstellungen,
   b) gesellige Veranstaltungen einer steuerbegünstigten Körperschaft,
   wenn der Überschuß der Einnahmen über die Unkosten aus den zu Buchstaben a und b genannten wirtschaftlichen Geschäftsbetrieben im Durchschnitt der letzten drei Jahre einschließlich des Veranlagungsjahres nicht mehr als insgesamt 12000 Deutsche Mark je Jahr beträgt und nur für die steuerbegünstigten satzungsmäßigen Zwecke der Körperschaft verwendet wird. Bei den unter dem Buchstaben a genannten kulturellen Einrichtungen und Veranstaltungen gilt dies mit der Maßgabe, daß bei der Ermittlung des Überschusses die gesamten Unkosten zu berücksichtigen sind, die der Körperschaft durch die Erfüllung ihrer steuerbegünstigten Zwecke erwachsen. Die Überschreitung der Grenze von 12000 Deutsche Mark ist unschädlich, wenn der Überschuß einer zulässigen Rücklage (§ 58 Nr. 6) zugeführt und innerhalb von drei Jahren für die steuerbegünstigten satzungsmäßigen Zwecke der Körperschaft verwendet wird.
8. Volkshochschulen und andere Einrichtungen, soweit sie selbst Vorträge, Kurse und andere Veranstaltungen wissenschaftlicher oder belehrender Art durchführen; dies gilt auch, soweit die Einrichtungen den Teilnehmern dieser Veranstaltungen selbst Beherbergung und Beköstigung gewähren.

§ 69 Haftung der Vertreter
Die in den §§ 34 und 35 bezeichneten Personen haften, soweit Ansprüche aus dem Steuerschuldverhältnis (§ 37) infolge vorsätzlicher oder grob fahrlässiger Verletzung der ihnen auferlegten Pflichten nicht oder nicht rechtzeitig festgesetzt oder erfüllt werden [ab 1.1.1987: oder soweit infolgedessen Steuervergütungen oder Steuererstattungen ohne rechtlichen Grund gezahlt werden]. Die Haftung umfaßt auch die infolge der Pflichtverletzung zu zahlenden Säumniszuschläge.

Stichwortverzeichnis

Amateurfußballer, Steuervorteile 65 f., 71
Anmeldung Vereinsregister, Musterschreiben 39

Buchführung des Vereins 58, 55 ff.

Durchlaufspenden 63

Finanzamt, Mustersatzung 59 ff.
Fördervereine 31 ff.

Gebühren für Vereinseintragung 38
Gemeinnützigkeit 49 ff.
– Auswirkungen bei Einzelsteuern 65 ff.
– Mustersatzung des Finanzamtes 59 ff.
Gesetzestexte (Auszüge) 72 ff.
– AO-Regelungen 76 ff.
– BGB-Regelungen 72 ff.
Gewinnermittlung beim Verein 54 ff.
– Buchführung 58
– Einnahme-Überschußrechnung 55 ff.
Gründungsversammlung 35 ff.
– Anmeldung zum Registergericht 38
– Muster 39
– Protokollmuster 36 f.

Hauptversammlung 40 ff.
– Muster-Einladung 41
– Protokoll-Muster 45 f.

Mitglieder, Satzungsregelung 21 ff.
– Beitragspflicht 22
– Eintritt/Austritt 21
– Minderjährige 22
Mustersatzungen 18 ff.
– Förderverein 32 ff.
– nichtrechtsfähiger Verein 13 ff.
– Sportverein 24 ff.
– Tierzüchterverein (Auszug) 30 f.

Nichtrechtsfähiger Verein, Vor-/Nachteile 10 ff.
– Satzungsmuster 13 ff.
– Steuern, Finanzierung 16

Satzungsänderungen 42 ff.
– Gebühren 43
– Hauptversammlungsprotokoll 45 f.
– Musterschreiben an Vereinsregister 43
– Vorstandswahl 44
Spenden an Vereine 62 ff.
Sportvereine 53 ff.
– Einnahme-Überschußrechnung 55 ff.
– Mustersatzung 24 ff.
– Steuervorteile 53, 71
Steuern beim Verein 49 ff.
– Überblick 65 ff.
– Gesellschaftssteuer 66
– Gewerbesteuer 67
– Grunderwerbsteuer 66
– Grundsteuer 66
– Körperschaftsteuer 65 f.
– Lohnsteuer 71
– Lotteriesteuer 66
– Umsatzsteuer 68 ff.
– Vermögensteuer 67

Vereinsfunktionen, Überblick 47 f.
Vereinsgründung 35 ff.
– Anmeldung zum Registergericht 39 f.
– Protokoll über Gründung 36 f.
– Satzungsänderung 42 f.
– Satzungsinhalte 13 ff., 24 ff., 30 ff.
Vereinsvorstand 23 f., 34
– Neuwahlen 41, 44
– Protokoll über Neuwahlen 45 f.

Wirtschaftlicher Geschäftsbetrieb 54 ff.

Zweckbetrieb, Einzelfälle 54

23. SEP. 1987
21. OKT. 1987
- 2. DEZ. 1987
13. JAN. 1988
17. FEB. 1988
16. MRZ 1988
11. MAI 1988
- 8. JUNI 1988
27. JUL. 1988
- 7. SEP. 1988
02. FEB. 1989
04. JUL. 1989
08. AUG. 1989
19. Sep. 1989
15. JUN. 1990
- 9. Aug. 1990
24. OKT. 1990
13. NOV. 1990

21. Dez. 1990
02. FEB. 1991
28. FEB. 1991
26. MRZ 1991
20. JUN. 1991
23. Juli 1991
12. NOV. 1991
28. NOV. 1991
19. Mai 1992
07. JUL. 1992
06. OKT. 1992
05. JAN. 1993
10. FEB. 1993
13. APR. 1993
19. Mai 1993
27. MAI 1993
07. JUL. 1993